大众媒介语言研究

李小华 著

华南理工大学出版社
·广州·

图书在版编目（CIP）数据

大众媒介语言研究 / 李小华著. —广州：华南理工大学出版社，2023.1
ISBN 978-7-5623-7339-1

Ⅰ.①大… Ⅱ.①李… Ⅲ.①大众传播－传播媒介－研究 Ⅳ.①G206.2

中国国家版本馆CIP数据核字（2023）第046474号

Dazhong Meijie Yuyan Yanjiu
大众媒介语言研究

李小华　著

出 版 人：柯　宁
出版发行：华南理工大学出版社
　　　　　（广州五山华南理工大学17号楼，邮编510640）
　　　　　http://hg.cb.scut.edu.cn　E-mail:scutc13@scut.edu.cn
　　　　　营销部电话：020-87113487　87111048（传真）
责任编辑：李秋云　梁玉琪
责任校对：黄华超
印 刷 者：广州一龙印刷有限公司
开　　本：787mm×960mm　1/16　印张：13.75　字数：214千
版　　次：2023年1月第1版　印次：2023年1月第1次印刷
定　　价：46.00元

版权所有　盗版必究　　印装差错　负责调换

语言是交流的工具,语言是文化的载体,语言也是社会生活的反映;透过丰富多彩的语言现象,我们能看到缤纷绚丽的生活景象。语言又是一个抽象的系统,由语音、词汇、语法三要素构成;在这其中,词汇是最活跃的成分,伴随社会的发展而不断变化。

我于2000年进入厦门大学攻读硕士学位,自此开始了语言学的探索,学习和研究的领域跨度较大。到2006年中山大学博士毕业时,我已从现代汉语到古代汉语、从词汇到语法、从方言到普通话几乎都摸索了一遍。不敢说自己贯通古今、学识深厚,但横跨语言学专业不同方向的学习和研究大大拓宽了我的视野,促使我融会贯通地理解和运用所学的知识、理论和方法。

语言是思维的外化,语言学是追求严谨的学科。历经6年的硕博学习,我自觉不仅得到了良好的学术训练,也锻炼了较严谨的逻辑思维。就个人旨趣而言,我更偏向词汇的研究,硕士学习期间就开始用数据库、语料库及一些数据分析软件进行词汇方面的研究;尤其关注现代汉语中的字母词、新词新语、流行语等。博士毕业后我一直从事新闻传播方面的教学工作,也就有意识地进行语言学和传播学交叉领域的探究。

此书是我对汉语词汇和媒介语言方面的一些观察和思考,主要是关于字母词、网络词语、流行语及媒介语言实践问题的探讨,并且重点考察了字母词。字母词是现代汉语词汇的新生成员,如何看待和运用字母词是我们面临的现实课题之一。当前,这一领域业已形成一定的研究群体,甚至引起国家相关机构的重视。在我看来,字母词这一课题的研究具有双重的意义:一是语言意义,通过对字母词的专题研究,考察其音形义和语法等方面的特点,促进对现代汉语词汇理论的多维探讨;二是社会意义,通过对字母词的研究,在一定程度上引导人们正确对待和使用字母词,促进语言文字更好地为经济建设和社会发展服务。

随着字母词在现代汉语中的普及，越来越多的词典收录了字母词条。本书收集的字母代码（在作出界定之前，暂称为"字母代码"）主要来源于《现代汉语词典》、字母词专科词典及新词新语词典等十几部语文辞书：《现代汉语词典》（商务印书馆，从1983年版至2016年版）、刘涌泉《汉语字母词词典》（外语教学与研究出版社，2009年）、刘涌泉《字母词词典》（上海辞书出版社，2001年）、沈孟璎《实用字母词词典》（汉语大词典出版社，2002年）、于根元主编的《中国网络语言词典》（中国经济出版社，2001年）、韩明安主编的《新词语大词典》（黑龙江人民出版社，1991年）、奚博先等主编的《新词语词典》（人民邮电出版社，1993年）、李行健等主编的《新词新语词典》（语文出版社，1993年增订版）、林伦伦等编著的《现代汉语新词语词典（1978—2000）》（花城出版社，2000年）、于根元主编的《现代汉语新词词典》（北京语言学院出版社，1994年）、李达仁等主编的《汉语新词语词典》（商务印书馆，1993年）等，总共收集了4000多词条。

需要特别说明的是，因字母代码的数量较大，而且哪些字母代码可以归入字母词暂不明确，故本书收集的字母代码不是穷尽的。虽说本书收集的字母词条不是穷尽性的，但却是有针对性地选择大量的词典、大范围地搜索网络资源后筛选出的当前较流行活跃的字母代码，因而本书的语料应是较全面的、有代表性的，能够反映字母词的全貌，足以作为研究的依据。

随着互联网技术的迅速发展，信息传播进入了全新时代。新媒体时代下新词新语、网络词语、流行语不断涌现；而在媒介化社会，网民具有推动事件发展的强大力量，造成网络词语、流行语与社会生活紧密勾连和互动，舆论负面效应更加难以调控和引导，也产生了一些网络语言暴力，并有了新的传播路径和特点，这些现象引起了社会各界的广泛关注。本书也辟专章对网络词语、网络语言暴力、网络流行语作了一番探讨；但因为这方面的词汇量较大，无法像字母词那样进行较详细的统计，因此，这方面的研究语料主要来源于对网络的考察，并从中筛选出一些典型的案例进行讨论。

目 录
Contents

Chapter I
第一章　绪　论 / 001
　　第一节　大众媒介、阅读文本与语言实践 / 002
　　第二节　关于新词新语、网络词语与网络流行语 / 008

Chapter II
第二章　大众媒介中的字母词 / 011
　　第一节　字母词产生的背景 / 012
　　第二节　字母词研究的历史脉络 / 020
　　第三节　字母词的界定 / 029
　　第四节　字母词的媒体使用 / 034
　　第五节　字母词的语言本体分析 / 041

Chapter III
第三章　新媒体时代的网络词语 / 071
　　第一节　虚拟空间上的"网言网语" / 072
　　第二节　网络词语的表现特征 / 076
　　第三节　网络词语的社会文化意蕴 / 086

Chapter IV
第四章　网络语言暴力 / 095
　　第一节　网络语言暴力的性质 / 100
　　第二节　网络语言暴力产生的原因 / 106
　　第三节　网络语言暴力的传播特征 / 113
　　第四节　网络语言暴力的稀释路径 / 116

第五章 网络流行语及其传播 / 119

  第一节 21世纪年度十大网络流行语 / 121

  第二节 网络流行语的生成分析 / 130

  第三节 网络流行语的传播路径 / 137

  第四节 网络流行语的功能表现 / 145

  第五节 网络流行语的词语化传播 / 150

第六章 青年后亚文化视角下的流行语例释 / 155

  第一节 "内卷"何以产生 / 158

  第二节 你"躺平"了吗？ / 164

  第三节 我"破防"了 / 170

  第四节 你还在"精神内耗"吗？ / 174

附　录　常用字母词表 / 187

参考文献 / 200

后　记 / 209

Chapter I
第一章

绪 论

大众媒介语言研究

第一节 大众媒介、阅读文本与语言实践

一、阅读文本的变迁

"古往今来，不论长幼，谁都无法否认它的重要性。对于古埃及的官员来说，它是'水上之舟'；对于四千年之后心怀志向的尼日利亚小学生来说，它是'投射到幽暗深井里的一缕光'；对于我们大多数人来说，它永远是文明之声……此乃阅读。"①阿尔维托·曼古埃尔也说过，我们每个人都阅读自身及周遭的世界，以此得以了解自身与所处；我们阅读以求了解或是开窍，我们不得不阅读；阅读，几乎就如同呼吸一般，是我们的基本功能②。可见，阅读在人类文明史上是如此重要。

进入现代信息社会，阅读更是无时不在、无处不在。可以说，阅读已成为一种生活方式，犹如雷蒙·威廉斯在论及文化时所言，"文化整体上来说，是一种生活方式"③。在中国，阅读已进入官方的视域，自2014年以来，"全民阅读"连续九次被写入政府工作报告。阅读不只是一种个人的精神活动，还关涉一个社会的文明发展以及知识的传承与生产。

然而，要完成阅读实践，必须要有阅读的文本。尤里·米哈伊洛维奇·洛特曼认为，文本可以用自然语言写成，但不仅仅指用自然语言写成的

---

① 费希尔. 阅读的历史 [M]. 李瑞林，贺莺，杨晓华，译. 北京：商务印书馆，2009：7.
② 曼古埃尔. 阅读史 [M]. 吴昌杰，译. 北京：商务印书馆，2002：7.
③ 威廉斯. 文化与社会 [M]. 吴松江，张文定，译. 北京：北京大学出版社，1991：18-19.

文字作品，任何一个被赋予完整意义的客体都是文本①。从人类的发展历史来看，阅读文本可以是一个宽泛的概念，就如天文学家阅读一张不复存在的星图，动物学家阅读森林中动物的足迹，玩纸牌者阅读对方的手势，观众阅读舞者在舞台上的动作②；这些都可称之为阅读。阅读文本也有不同的表现形式，其实质是不同的物理形态，也就是阅读的载体或媒介不同。

在人类文明之初，文字出现以前，人们普遍采用实物记事和图画记事，这也是人类早期直观的阅读方式。实物记事即通过具体的事物来传递信息，而记事的方式则有许多，如结绳记事、结珠记事、讯木记事、刻石记事。结绳记事由来已久，我国古籍多有记载，如《易经·系辞下》："上古结绳而治，后世圣人易之以书契，百官以治，万民以察。"关于具体的结绳方式，唐孔颖达作《易经》疏时曾有过简略的说明："结绳者，郑康成注云，事大大结其绳，事小小结其绳，义或然也。"可见，当时是以绳结的大小来指代事之大小。结珠记事则是将不同颜色的贝壳串在绳子上，用不同的颜色代表不同的意思。古人还曾在木片、竹片、骨片或者石头上刻画痕迹来记事或传递信息。

从宽泛意义上说，自从有了人类社会，就有了阅读；虽然在人类的早期，仅是原始意义上的阅读。比如，岩洞艺术被当作富含信息的图文故事供人们阅读，原始部落阅读树皮或兽皮上冗长的图画信息也是一种文本阅读，所有这些"阅读"都涉及事先规定的代码，它们传达的是某种已知意义——要么是一种行为（如岩洞艺术）或数值（如符木和绳结），要么是口头名称（如刻痕和绳串）③。从实物记事到图画记事，虽在传达信息方面向着抽象化发展，但文本仍未形成一套书写体系，还不是文字。大约5500年前，西亚两河流域出现了世界上最古老的楔形文字，即当地的苏美尔人用特殊的书写

---

① 康澄. 文本——洛特曼文化符号学的核心概念[J]. 当代外国文学，2005（4）：45-53.
② 曼古埃尔. 阅读史[M]. 吴昌杰，译. 北京：商务印书馆，2002：6.
③ 费希尔. 阅读的历史[M]. 李瑞林，贺莺，杨晓华，译. 北京：商务印书馆，2009：8-9.

大众媒介语言研究

工具在泥板上压出了楔形图案的字形。这种文字传到波斯之后，当地人除了继续用泥板作为文字的载体之外，也把文字铭刻在石碑、金银器上[①]。而中国在3000多年前的商代，就已经出现非常成熟的甲骨文。从商代一直到秦汉时期，青铜器也是文字的重要载体。另外，玉石、陶器、封泥、玺印等都是用来铭刻文字的媒介。

后来，人们开始用更为方便的纸草、羊皮卷作为书写材料，北非埃及人的象形文字也主要以纸草作为书写载体。在中国，战国时期简帛成为主要的文字载体而大行于世，现在发现的郭店简、上博简、清华简和马王堆简帛，很多都记载了儒家、道家等古代经典。到了西汉时期，发明了造纸术，虽然当时纸的质地不能与现在相提并论，但已经作为书写材料而使用。在20世纪30—90年代的考古材料中，就已发现西汉时期的天水放马滩纸、罗布淖尔纸、灞桥纸、扶风中颜纸、马圈湾纸、悬泉纸、居延金关纸、南越王墓古纸、绵阳纸等；东汉蔡伦改进造纸术后，纸的使用越来越广泛[②]。

伴随人类文明的发展，一方面阅读文本呈指数级增长，另一方面人们对信息的需求在不断攀升。为了解决纸质阅读媒介的局限性与人们日益增长的阅读需求之间的矛盾，一些新兴的文本载体应运而生。19世纪中期，人类由印刷时代进入电子时代，除了传统的印刷报刊和纸质书籍外，以视听为主的文本成为新的阅读对象。1920年，美国匹兹堡KDKA广播电台开播，人们利用收音机收听新闻、音乐等。20世纪30年代，为满足视障读者的阅读需求，第一部有声书在美国诞生。收音机和有声书用"耳听"取代"眼看"，使阅读的场景更加多元化[③]。20世纪80年代开始，磁带、磁盘、光盘等逐渐成为阅读存储介质；随身听及其他盒式播放机的出现，共同促进了有声阅读的普及。此外，这一时期电视、录像带等也成为人们的阅读媒介，电子音视频出

---

① 周有光. 世界文字发展史[M]. 上海：上海教育出版社，2003：5.
② 杨惠福，王元林. 也谈两汉古纸的发现与研究[J]. 考古与文物，2007（5）：71-76.
③ 蒋娟，吴燕. 出版业形态的有益补充——中国有声书发展研究[J]. 中国编辑，2017（10）：26-31.

版物形态多样。

20世纪90年代后,随着网络技术和数字技术的发展与更迭,各种类型的电子媒介开始进入数字化阶段[1]。这一时期,移动媒介、智能终端和网络存储逐渐取代磁带、光盘等纯储存式设备,成为信息的主要载体,阅读载体也随之更替。数字化时代,阅读媒介以电脑、手机和各种电子阅读器为主,连接世界的互联网络将天涯海角的信息传送到读者的设备终端。根据CNNIC发布的第49次《中国互联网络发展状况统计报告》,截至2021年底,我国网民规模已达10.32亿。随着智能设备、5G等相关产业日趋成熟,新型智能终端更加多元,在移动设备上进行阅读成为读者的第一选择。

尼葛洛庞蒂(Negroponte)在《数字化生存》一书中提到,在印刷的书籍中,信息永远受限于物理的三维空间;而在数字世界,信息空间完全不受三维空间的制约,其构想和想法可以通过一组多维指针来引申或辨明[2]。在数字网络时代,物理距离的意义一再被削弱。如史蒂文·罗杰·费希尔所言,只要打开电脑就可以了解整个世界,"整个世界就是我们的书店"[3]。阅读文本的网络化和数字化彻底打破了时空的藩篱,它们以数据的形式存在于虚拟的空间中,看似无形,却无处不在。这类阅读载体容量巨大,海量信息在其中汇聚、分流,奔向不同的终点,遁形于无限的网络空间,需借助搜索引擎才能抓取。当今,网络空间不断改变人类对时空的感受,它是新型生产关系、社会关系的再造和超越[4]。互联网空间不只是阅读文本传输的场所,在文本之外,空间本身也在不断生产意义。

---

[1] 杨奇光,王润泽. 电子媒介时代新闻生产的历史逻辑——基于中国经验的考察[J]. 新闻大学,2021(11):15-25,120-121.
[2] 尼葛洛庞帝. 数字化生存[M]. 胡泳,范海燕,译. 海口:海南出版社,1997:88.
[3] 费希尔. 阅读的历史[M]. 李瑞林,贺莺,杨晓华,译. 北京:商务印书馆,2009:284.
[4] 骆正林. 空间理论与大数据时代网络空间的建构[J]. 现代传播(中国传媒大学学报),2019,41(1):49-56.

二、大众媒介中的语言实践

技术的发展推动了阅读文本的变革,即阅读媒介从实物、纸本发展到视听、网络、新媒体,媒介的形式也由传统的书籍、杂志、报纸扩展到电子、网络、新媒介。伴随媒介的变化,媒介的语言也发生了改变,尤其表现在词汇上。比如,在大众报刊时代,报刊语言有其自身的特点,而到了网络时代,又产生新的网络语言。

一方面,大众传媒作为社会生活的镜像,其语言必然也是现实语言的反映,是真实语境的拟态表现;如果说现实的语言是一个大的生态系统,传媒中的语言表象则是一个小生态圈,从中可以窥见现实的语言镜像。随着时代的变迁、社会生活的变化,语言也发生着各种变化,现实交际中使用的语汇也进入了大众传媒。比如,一些新词新语很快活跃于各大报刊,有的一经使用就具有很强的造词能力,产生一组组词群。如"很黄很暴力",出自CCTV《新闻联播》一则有关不良网络视听节目的报道,由一名13岁女孩脱口而出的这个短语成为2008年第一波流行语的代表(《南方周末》,2009年1月22日)。此后,一些报刊的版面不乏以"很……很……"为结构的标题,如《南方都市报》就有"广州杂志家居时代'很"黄"很时尚'"(2008年2月22日)、"中国互联网很好很强大"(2008年2月23日)、"很黑很后台"(2008年4月5日)等的表达。又如,"山寨"出现后就成了一个放之四海皆可行的修饰语,如"山寨文化""山寨产品""山寨警察""山寨手机""山寨笔记本"。再如,字母词在生活中被广泛运用的同时也流行于网络世界,而且不断涌入报纸杂志,媒介语言呈现着汉字夹杂字母符号的新奇景观。随意翻开报纸,诸如"NBA""MBA""VIP""TCL""CEO""GDP"之类的字母缩写形式便跃入眼帘。如"'一带一路':VR不虚 联通更实"(《中国科学报》,2018年12月6日),"VR"是英文virtual reality的缩写,意思是"虚拟现实技术";"你好,黄山青年'social'一下?"(《中国青年报》,2022年7月20日),是英文单词整个直接借用;"收获'白玉兰''押中'高考题,《觉醒年代》为什么是

'yyds'?"(《新民晚报》,2021年6月11日),则是汉语拼音首字母的缩写。

另一方面,在当今移动互联网时代,网络媒体不仅冲击着传统媒体,也冲击着传统媒体的语言表达方式,网络语言显示出强大的生命力。一些报刊为了增强报道的亲和力,大量吸收民间语汇,其一大表现就是运用网络用语,网络词语分布于各个版面,数量丰富,形式多样,如"MM""LP""拍砖""菜鸟""人肉搜索""灌水"等一度高频出现。

面对网络词语盛行于新闻报道的现象,我们认为,网络语言虽为传统汉语增添了新的元素,丰富了传统汉语,使大众媒介语言更加生动活泼、富于情趣;网络语言也反映了民众的审美取向、精神风貌和心理特征,表达了人们的多彩情感,而且激发了人们的创新能力。但必须承认当前网络语言并不完美,与传统汉语相比,存在着不少缺陷。比如,网络语言随意性太大,易造成误解;并非人人都懂"网言网语",有时会影响交际效果,因为作为一种"社会方言",有一定的使用群体,处于其交际圈层以外的人未必懂这些"奇言怪语";此外,还有很多错别字和不规范用字,以及粗话、脏话、暴力用语泛滥等。

我们常说大众媒介是"第四种权力",具有强大的社会功能,而大众媒介的功能主要通过语言这一载体来实现。媒介所使用的语言样态、表述方式、话语策略等都深深地影响公众的观念意识、价值取向,乃至整个社会的审美诉求。因此,为了更好地实现大众媒介的社会功能,发挥大众媒介的舆论引导作用,应营造良好的传媒语言生态,重视大众媒介的语言实践。

第二节 关于新词新语、网络词语与网络流行语

语言的基本功能是交际。社会的发展带来了生活和文化心理的变化，从一个侧面推动了汉语的发展；而词汇是语言中最活跃的因素，语言中的新变化首先反映在词汇上。进入信息化时代，科技发展日新月异，科技术语层出不穷；同时，伴随着全球化的不断发展，不同语言之间的接触也越来越密切，汉语也受到更多外语的影响。这些因素共同促进了汉语词汇的发展，产生了一批又一批的新词新语。因此，新词新语的产生既是语言文字自身发展的结果，也是社会生活变化的必然反映。

"新词新语"是一个广义的概念，"新"是相对于"旧"而言的，每个时代都有自己的新词新语。如20世纪60年代的"绿军装""三转一响""票证""铁饭碗""归国华侨""小人书"；70年代的"高考""轧马路""万元户""改革开放""经济特区""彩电""独生子女""的确良""结婚三大件"；80年代的"喇叭裤""搞活""牌子""春运""停薪留职""春晚""洋插队""民工潮""录像厅""女排精神""希望工程"；90年代的"小霸王""大哥大""BB机""下海""试婚""大片""彩民""韩流""超市""菜篮子""桑拿""下岗""互联网"；21世纪以来的"短信""海选""奥运村""黄金周""非典""移动支付""假日经济""出口型""入世""打卡""新冠"等，这些新词新语涵盖了日常生活、政治、经济、文化等领域，从侧面展现了中国社会的变迁。

现代汉语的新词新语包括新造词语、旧词新义、旧词新用法、旧词新

形式、新借入词语、字母词及已经向共同语泛化使用的方言词语与行业词语等[1]。新词新语的产生大致有这几个路径：一是从隐性到显性；二是从方言中汲取营养；三是一些修辞用法稳定下来成为新词语；四是寻求新的色彩、风格[2]。其实，新词新语的产生和显现不是由单一因素促成的，而是多方因素合力的结果。如为加强社会主义道德建设提出的"八荣八耻"社会主义荣辱观，经济建设领域的新词语"股份制""共享经济""供给侧""储备粮"，生活类词语"副食店""高温津贴""兑换券""迪斯科""宠物"，这些新词新语都是在语言、社会及人类认知等因素的共同影响下被不断创造出来的，并丰富了现代汉语词汇系统。

20世纪90年代末，随着互联网的普及，网络词语应运而生。网络词语大体上可以分为三类：一是与网络有关的专业术语，如"鼠标""硬件""软件""病毒""宽带""登录""在线""聊天室""局域网""防火墙""浏览器"；二是与网络有关的特别用语，如"网民""网吧""触网""黑客""短信息""第四媒体""电子商务""虚拟空间""注意力经济""信息高速公路"；三是网民在聊天室和BBS上的常用语，如"美眉""大虾""斑竹""恐龙""菜鸟""东东""酱紫"；第三类词语又可进一步细分：有的是谐音词语，如"美眉"，只是将原有词语"妹妹"的读音稍加改变而已；有的是外来词语，如"调制解调器"俗称"猫"，而"猫"又是英文"modem"的音译；有的是缩略词语，如"BBS"是英文"bulletin board system"（电子公告牌系统）的缩略，"JJ"是"姐姐"汉语拼音首字母的缩略；还有的是符号代码，如用键盘组合出来的表情符号[3]。

网络词语主要在网络文学和网络交际中使用，网络流行语也主要是以互联网为传播媒介；但网络流行语更强调其通行度，是在一定的时间或场景内广泛使用并流传的网络词语。网络流行语有时也被称为网络热词，但它其实

---

[1] 杨文全. 现代汉语[M]. 重庆：重庆大学出版社，2010：243.
[2] 于根元. 应用语言学的历史及理论[M]. 北京：商务印书馆，2009：237-239.
[3] 于根元. 中国网络语言词典[M]. 北京：中国经济出版社，2001：1-2.

和网络热词有一定的差异。网络热词偏向于指某一时段内高频出现的网络词语，强调词语使用的频度。网络热词也常与某一热点事件、新闻话题相关，由事件、话题引发网民的高度关注，进而产生新的词语并在网络上被高频使用。它是热点事件与网民心理相互作用的结果，因而被称为"一种曲折的意见表达"，能够折射出特定时期的某种社会心理、个体意识或群体情感。

网络流行语不是现实社会的流行语在网络空间的简单位移或投射，而是一种流行文化的现实表现，也是这种文化与语言互动的结果。具体来说，网络流行语是"在网络媒介的推动下产生并盛行的词、短语、句子或特定的句子模式"[①]，体现了生产和传播过程中媒介技术的先在性。网络流行语不仅在网络中流行，也能进入大众话语，成为日常交流的一部分；例如"摆烂"一词源于一种新的社会现象，引发社会对当代青年从"丧系""佛系""躺平"心态进阶到"摆烂"心态的关注，推动着该词进入主流话语。同样，"双减"一词也因为政策落地兼具速度和强度，以及与教育议题有着千丝万缕的联系，从而由上而下地进入网民的视野，成为一段时间内高居榜首的网络流行语。

语言问题本质上是"人"的问题，网络流行语的源头大都与某些社会现象紧密相关，具有深刻的社会意涵。例如"早八人"（指需要挣扎着起床去上早上八点第一节课的大学生或上班的人）、"电子榨菜"（指在吃饭时看的视频、文章等）等网络流行语，因其网络主体的多样性，呈现多元话语风格。

网络流行语由虚拟世界延伸到现实生活，其影响范围越来越广。作为一种新的语言表达方式，网络流行语来源广泛，形式多样，时效性和实用性兼具，有着鲜明的时代特色；不仅是现实生活和社会文化的反映，也折射了民众的心理状态和愿景诉求，同时展现了网络空间的话语实践。

---

① 黄碧云. 新生代网络流行语的符号学解析［J］. 新闻与传播研究，2011（2）：106-108，112.

Chapter II

第二章

大众媒介中的字母词

第一节　字母词产生的背景

"每一种活着的语言，都有充分的吸收功能，这种功能，在很多场合比较明显地表现于语汇上。"①汉语也不例外，在各种因素的合力作用下，产生了一批又一批的新词新语，吸收了大量的外来词，字母词便是其中较为特殊的成员。所谓特殊，是因其不是或不全是以汉字为书写形式，而是以纯外文字母或是外文字母与汉字或数字的组合来体现，这些外文字母主要是拉丁字母（包括汉语拼音字母）及少量希腊字母，如"VCD""HSK""卡拉OK""α粒子"。就目前出现于汉语中的字母词来看，大部分来自外文字母缩略语，并且主要是英文字母缩略语，后被越来越广泛地运用而成为汉语字母词，进入汉语词汇系统，夹杂于汉字书写体系的文字中。

字母词并不为汉语所独有，而是以字母缩略语的形式在字母文字中广为应用，但进入现代汉语却经历了一段发展时期。最初只是科技术语或人名、地名等专有名词用外文字母书写，于是这些外文字母或字母缩略语进入了汉字系统，出现于一些早期的专科词典或报刊中，如"DNA连接酶""N.西马史克"。随后，这些字母缩略语越来越普及，运用的领域也不断扩大，以至于浸染文学作品。在"五四"时期，运用字母代码或字母缩略语已很流行，鲁迅的作品中就常常出现这些词语，除了家喻户晓的《阿Q正传》中的"阿Q"外，还有《头发的故事》中的"N先生"，《新的小将》中的"A女士""D女校""F大校"等②。不言而喻，文学是传播文化的使者，作家们喜欢在文学

---

① 陈原. 语言学论集 [M]. 沈阳：辽宁教育出版社，1998：65.
② 刘云汉. 正确对待汉语中的字母词 [J]. 汉字文化，2001（1）：50-53.

作品中夹杂拉丁字母无疑促进了字母代码在汉语中的应用。

到了20世纪50年代，字母代码或字母缩略语更广泛地出现在各种报刊文章中。据笔者对人民日报图文数据库（1946—2000）进行检索，1951—1953年的《人民日报》有"C-46""F-51型飞机""C·I·A"（美国中央情报局）等大量字母缩略词语。其中一部分由于使用频率高且广泛而进入普通大众的生活，成为现代汉语口头或书面用语，如"阿Q""维生素A""A型血""X光"。但20世纪60—70年代由于国内的政治因素，报刊中出现的字母缩略语或字母词相对较少。80年代以后又开始大量涌现，产生了许多新的字母词语，如80年代出现"B超""T恤衫""卡拉OK"，90年代则有"E-mail""WTO""GRE"等。

汉语隶属汉藏语系，是以意音文字——汉字为书写体系的语言。自古以来，我们习惯于方块的汉字，而视字母为异己，称之为外文字母、西文字母。然而，近些年来，字母词大量地涌入了汉字的世界，以其特有的方式在汉语中发挥交际职能，成为汉语词汇系统的新成员。

这些字母词如何产生于现代汉语词汇中？又是以什么方式、在什么情形下浸染汉语词汇系统？通过对字母词有关方面作较为深入的分析与考证，我们认为促使字母词在汉语中形成和发展既有主观、表层和偶然的因素，也有客观、深层和必然的成分。

一、表意汉字的缺憾

汉字属于意音文字，自诞生之日起即以形示意著称，正如"六书"中所言"视而可识，察而见意"，这是其一大特点，亦是一大优点。然而，汉字虽归属意音文字，但仍以形意为主，所以在表音方面出现"先天缺血"的现象。周有光先生指出，"汉字使用达3300年以上，字数积累超过6万的大数，但没有一套表音字母，这不能不说是汉字文化的重大缺点"[①]。由于这

[①] 周有光. 比较文字学初探 [M]. 北京：语文出版社，1998：339.

一缺憾,当我们面对一个汉字时,或许能据其形而猜其大意,但对其音却不甚了解,由此人们产生对汉字表音的需求。诚然,在汉字的发展过程中出现了大量的形声字,其中的声符起了一定的表音作用,有的成为纯表音成分,但汉字仍囿于表意文字体系。

汉字的另一不足是笔画繁多,导致书写不便,为了缓解这一问题,我国曾对汉字进行过几次简化。尽管如此,人们仍觉得书写不便,未能实现经济高效的原则,也给外国人学习汉语造成障碍。从另一角度看,汉字的简化又使一部分汉字丧失示意的功能,从而使汉字处于两难的境地——既不能确切地示意,大部分也难以表音,何况书写繁琐,这就是有些国人呼吁汉字改革与汉语拼音化的重要原因。

相比较而言,字母表音明确,书写简便,而且数量有限,以极少量的字母可以创造出数以百万计的词语,只要懂得基本的音标就能拼出该词的读音。在字母优势的比较下,汉字的缺陷显豁;因而,在使用了几千年的方块汉字之后,人们面临对汉字文化层面的欣赏和要求语言文字高效使用的碰撞。这种汉字形音方面的缺陷,成为促使一部分外来词直接以字母形式进入汉字系统的推动力,也为汉语字母词的产生提供了一种合理的解释。

二、拉丁化的推动

尽管人们早已发现汉字的缺陷,但在近代国门未开以前,国人对外文字母接触极少,甚至由于强烈的民族本位心理对外文字母采取排斥的态度,称之为"洋文""西文"。因而早期寻求汉字表音的道路主要是沿着汉字本体改革的方向摸索前行,古人为解决汉字的读音问题,创造了直音、读若和反切等方法给汉字注音,这些以表意汉字给表意汉字注音的方法,无疑具有较大的局限性,未能根本解决汉字的注音难题。随着中国与西方国家之间文化交流的发展,外国人要吸收中国文化或在中国经商、传教,就要学习汉语,而表意体系的汉字是其一大障碍。于是,明朝出现了最早的由意大利传教士利玛窦和法国传教士金尼阁创制的用拉丁字母拼读汉字的汉语拼音方案,后来出现了教会罗马字和汉语译音，至1918年颁布了汉字形式的注音字母，作为给汉字注音的工具。此后，汉字拉丁化运动继续向前发展，从国语罗马字到1929年在莫斯科出版的《中国拉丁化字母方案》，直至1958年终于诞生了拉丁化字母的"汉语拼音方案"。

在这寻求为汉字注音和汉字拉丁化的漫长历程中，拉丁字母渐渐进入汉字的世界，国人对这些西文字母也逐渐不那么抵触，向外文字母"敞开了国门"，人们不断熟悉拉丁字母。尤其是清朝以后越来越多的有识之士开启了留洋之路，大批的学者回国后掀起了西学东渐的高潮。为了学习西方先进的思想文化，他们编纂了大量的双语词典，除了一些如英汉、法汉、德汉等纯语文的双语词典外，还出版了许多双语专科词典，如《汽机中西名目表》《化学材料名目表》《西药大成药品中西名目表》。在此背景下，科技术语和外国人名地名等越来越普及地直接用拉丁字母表示，许多国人能说会用外语，而一些报刊文章也开始出现了夹用拉丁字母的现象，这在五四时期的新文化运动中表现得尤为突出。由此，可以说汉字注音和拉丁化进程为外文字母进入汉字世界提供了契机，而拉丁字母的普及为字母词最终在现代汉语中的形成奠定了基础；因为字母词在汉语中的产生和运用需要具备一定的语言环境，如果该语言群体不能识别拉丁字母，不会说也不会写，就不具备产生字母词（主要由拉丁字母构成）的条件。

三、外来词转写的影响

有学者提出，"汉语词汇的积累大约经历了三个阶段：原生阶段、派生阶段和合成阶段。这三个阶段之间没有截然的区分界限，只是在不同的阶段，各以一种造词方式为主要方式"[①]。我们认为，还应加上"外来融合阶段"，即外族语词融入汉语成为汉语词的一部分，否则难以涵盖所有汉语词

---

① 王宁. 关于汉语词源研究的几个问题 [J]. 陕西师范大学学报（哲学社会科学版），2001（3）：62-66.

的积累;况且外来词在汉语词汇尤其是现当代汉语词汇中占据举足轻重的地位,而字母词是外来词的特殊成员。因此,欲考察汉语字母词形成的缘由,考察外来词转写是另一重要方面。

外来词在我国的历史源远流长,自从有了外来词就有了外来词的转写(即翻译),东汉以降的佛经翻译进一步促进了外来词翻译的发展。迄今为止,外来词的翻译主要有意译、音译、音译加意译、音意兼译等形式,但"唐以前佛经的翻译主要是意译、直译,不大主张在经文中夹音译字。到了唐代,玄奘首次提出了关于音译的'五不翻',就是'秘密故、含多义故、此无故、顺古故、生善故,此五种词采用音译'"[①]。所以,伴随佛教文化的传播,涌现了大批的外来词,其中许多是音译外来词。到了近代,由于大量地介绍西方科技文化,出现外来词的第二次高潮,其间也产生了较多的音译词。但纵观整个外来词汉译的历史,仍是以意译外来词为主。这主要是由于民族文化心理积淀和不同语言系属的牵制,并且有一些全音译词是纯粹的记音符号,从字面上难以理解其意义所指。之后,为了在音译与意译之间寻找较完美的转写模式,出现了音意兼译或音译加意译的方式,如"cambrige"译为"剑桥",即为音意兼译词,而"car""ballet"分别译作"卡车""芭蕾舞",属于音译加意译词。这两种翻译方式的产生应该说是汉译外来词史上极大的进步。

然而,以上四种主要译成方式,概括起来就是意译和音译,都是以方块汉字来体现其词的书写形式,也存在着一定的缺陷:

一方面,就意译部分而言,由于不同语言的词汇分属不同的系统,极少词汇单体能一一对应,因此大部分外语词难以准确无误地转写,往往造成汉译词的形式与外语原词的内容存在联系上的断裂,主要表现为词义的范围、感情色彩、词的语法形态等方面不能达到完全一致。如,英语"gay"用作名词时指同性恋者,尤指男性同性恋者,一般译作"同性恋者",常常略去了其固有的性别差异;如果以此为"gay"的对译词,势必造成原有词义的

---

① 史有为. 异文化的使者[M]. 长春:吉林教育出版社,1991:170-171.

泛化，因为在英语中另有一词"lesbian"专指"女同性恋者"。

另一方面，就音译成分而言，亦由于分属不同的音系，各有自己的音位系统和音节结构，因而音译词也不能确切地模拟外来词的本音，只能接近原词的读音。同时，由于汉语音译词只着眼于用发音相近的汉字去转写外语词，因此，用于构词的汉字只是纯粹的记音符号，难以从字面上理解其意义。如"费尔泼赖""西门汀""德谟克拉西"，这几个全音译词就颇令人费解，若不了解其来历而只看汉字，即便懂英语的人也难以理解。其实，这几个词分别来源于英语"fairplay""cement""democracy"，因难以理解、通行，后来被意译词或日语借形词"公平竞争""水泥""民主"所代替。

此外，如前所言，无论是意译还是音译，都是用汉字表现外语词。而方块汉字与字母相比书写较为繁琐，有时一个外来词需用几个汉字来表示，如"robot——机器人""aspirin——阿司匹林"。

尽管意译与音译均存在不利的因素，但比较而言，意译比音译更费周折。原因是除不易建立词汇单体的一致对应关系外，随着社会的发展，有越来越多的外来词需要翻译，如果全都采用意译，有点不堪重负，于是，又出现了音译词增多的倾向，如"modern——摩登""golf——高尔夫""sony——索尼"。可另一方面，当今科技迅猛发展，科技术语的新词新语不断涌现，如化学物质、新生医药、生物、技术产品名称，以及大量的人名、地名等专有名词，即使全都采用音译也令人应接不暇。因而，在这些领域首先出现不经汉译而直接用外文字母表示的字母简缩代码，如"DNA""X-ray"，而且越来越多的科技新术语采用这种简捷的字母简缩代码形式来表示。其中一些因与日常生活紧密相关或使用频率高而进入普通汉语词汇，如"X光"，由此形成了汉语字母词。但因民族心理和文化等因素的制约，初期较多采用外文字母与汉字结合的形式，如"三K党""X光""α射线"；随后，纯外文字母组成的字母词如"CT""VCD"等逐步普及。由此可知，外来词转写的发展推动着汉语字母词的发展，是字母词形成的极强的外在动力。

四、社会生活和文化心理的变化

以上因素尝试说明字母词产生的历史根源，而社会发展是字母词快速发展的重要动力，虽然这种动力在字母词的形成过程中一以贯之，但在当代表现得尤为突出。社会的发展带来社会生活和文化心理的变化，从一个侧面推动了字母词在汉语中的发展。一方面，当今社会科技高速发展，欲与社会发展同步，就必须高效地掌握知识，包括对外来科技文化的吸收；语言文字正是传播知识文化的媒介，必然引起人们的高度关注。当新生事物不断涌现，新的科技术语层出不穷时，人们要求以最简捷的方式去获取新知识，尽量减少语言文字上的障碍。于是，产生了运用语言文字的经济性需求，而字母词的优势正符合此经济性原则，不仅书写简便，而且一般按字母的排序逐个发音，简捷易用。因此，人们不仅乐于直接引用由外文字母组成的字母词，如"CD""B超""α粒子"，有时也用以汉语拼音字母为表现形式的字母词，如"HSK"。

另一方面，社会生活的变化又促进人们意识观念的变化，在新的社会背景下，人们在运用语言方面出现了求新尚异的心理倾向。有些人，尤其是年轻一代在汉语中夹杂着用外文字母词觉得新颖，有时被认为是一种文化个性的体现；这是一种社会心理，无所谓正确与否。在当代汉语实践中有些概念或事物其实已存在用汉字书写的纯汉语词，然而又出现了所指同一的字母词，如"传呼机""寻呼机""call机""BP机"，这就是运用语言方面求新尚异心理的反映，从而成为字母词在当代汉语极为活跃的一股推动力。

综上所述，表意汉字的缺陷促成了人们对汉字改革和高效运用汉语与汉字的需求，这可以说是字母词产生的一个心理基础；拉丁字母进入汉语与汉字世界后，人们渐渐熟悉并会正确发音，这是字母词产生的客观前提，为字母词提供了形式载体；而外来词转写的发展和社会生活与文化心理的变化，是字母词产生的外在动力；加上字母词简缩的词形和极强的构词能力，这些因素综合作用，形成一种合力，共同促进了以字母表形的字母词直接进入汉语词汇的最终实现。

第二章　大众媒介中的字母词

由于一部分字母词已被广为使用，从而引起了辞书编纂者的关注，部分字母词逐渐进入词典中。除了专科辞书外，最早收录字母词的语文辞书应是1973年出版的试用本《现代汉语词典》，此本是根据1965年排印的《现代汉语词典》（试用本）送审稿本出版的，插入了"阿Q""维生素A""维生素C"等13条字母词。因《现代汉语词典》是国内中型的汉语规范性辞书，具有一定的权威性，"阿Q"和维生素词族作为单独的词条被收录，也就确立了其在汉语词汇中的地位，因此这几个词是最早的汉语字母词。同时，《现代汉语词典》的收录又促进了这些字母词的推广和普及。因而《现代汉语词典》在字母词的确立和发展方面可谓功不可没。《现代汉语词典》至今共出了7版，1983年修订版多收录了一条"三K党"，1996年修订本（第3版）收录了字母词39条，2002年增补本（第4版）中收录的字母词增至142条，而2005版、2012版、2016版中字母词的收录数量分别是182条、239条和235条。20世纪80年代以来出版的各部新词语词典也不断增收字母词或字母缩略语条，如2001年出版的《中国网络语言词典》共收录240条。随着字母词运用的普及和研究的发展，出现了字母词专科词典，一套是刘涌泉编著的《字母词典》（2001年），收录了2000余词条；另一套是沈孟璎主编的《实用字母词典》（2002年），收录了近1300词条。随着经济社会和互联网的发展，更多的字母词被创造出来并在现实生活中运用，字母词词典也相应地更新。如刘涌泉在2009年编撰的《汉语字母词词典》，收录了2600余条字母词，并对每个词语进行详细诠解，分类编排，便于大众查阅学习。两部最新的字母词词典是侯敏主编并于2014年出版的，一部是《新华字母词词典》，收录字母词约4850条，其中主要是英文缩略词，也有其他语言的缩略词以及汉字加字母构成的词语，并对字母词的意义和用法作了介绍；另一部是《实用字母词词典》，该书基于国家语言资源监测语料库编纂而成，收录常用字母词约5000条，这两本字母词词典收录的字母词较为齐全。此外，还出现了行业常用字母词词典，如2012年出版的《中国媒体常用字母词词典》，以国内媒体常用的字母词为收集标准，涵盖政治、军事、经济、医学、外贸、计算机、教育、文化、语言等领域，共计5000余词条。

第二节　字母词研究的历史脉络

字母词是新词新语中的特殊词族，引起社会和学界的广泛关注，已形成一定的研究群体，也取得了可喜的成果。学界对字母词的研究主要体现在以下八个方面。

一、字母词的称名和定义

关于字母词的称名有多种说法，如"外文字母词""英文字母词""拉丁字母词""西文字母词""英语词（语）"[①]，也有人称为"新借形词"[②]，而刘涌泉认为"叫汉语字母词或中文字母词更好些"[③]。目前通行而简便的名称是"字母词"。至于何为字母词，有人定义为"指汉语中带外文字母（主要是拉丁字母）或完全用拉丁字母表达的词"[④]，也有人认为是"指现代汉语中的外语原形词及其缩略形式，以及字母加汉字形式"[⑤]，还有人认为"字母词的性质是汉语词汇，它必须是一个音义结合体，而且属于语言现象而不是言语现象"[⑥]。学界比较一致的看法是，字母词是以纯外文

---

① 周健，张述娟，刘丽宁. 略论字母词语的归属与规范[J]. 语言文字应用，2001（3）：95-99.
② 罗聿言. 试论现代汉语"新借形词"[J]. 语言文字应用，2000（4）：43-48.
③ 刘涌泉. 关于汉语字母词的问题[J]. 语言文字应用，2002（1）：85-90.
④ 刘涌泉. 谈谈字母词[J]. 语文建设，1994（10）：7-9.
⑤ 刘云汉. 正确对待汉语中的字母词[J]. 汉字文化，2001（1）：50-53.
⑥ 李君. 字母词的界定及其构成类型[J]. 学术交流，2004（11）：162-165.

字母或外文字母与汉字组合为书写形式的一类词，但本书认为这样的定义还失之笼统，应是"以纯外文字母或外文字母与汉字组合为书写形式并在现代汉语词汇中被运用的一类新词语"，如"VCD""卡拉OK""α粒子"；或词形含有汉语拼音字母的，如"HSK考试"，以及书写形式含有连接符或阿拉伯数字的词语，如"CD-ROM""C3I系统"。

二、字母词的归属

关于字母词的归属，主要的争议是字母词是不是汉语词。虽有一些人不同意将其归入汉语词汇，但大多数学者认可字母词在汉语词汇中的合法性，认为"字形只是语言外部的东西，不是决定字母词语是否是汉语词语的必要条件"[①]，"字母词语作为一种新的词语现象确确实实已经出现在汉语中了"[②]。

三、字母词的类型

字母词的类型，主要是对字母词的书写形式作分类式描写。如从文字的构成形式看，分为纯字母组合而成的字母词（如"VCD"），字母与汉字[③]组合而成的字母词（如"CT机"），只带阿拉伯数字的字母词（如"A4""3D"），只带非文字符号的字母词（如"CD-ROM"），以及兼带两种以上非字母符号的字母词（如"5G手机""LG101次列车"）[④]。从字母的来源看，分为由拉丁字母组成的字母词（如"BB机"）、由希腊字母组成的字母词（如"α粒子"）和由汉语拼音字母构成的字母词（如"HSK"）。从字母的组合数量看，有单字母的字母词（如"B超"）、双

---

① 曹学林. 字母词语也是汉语词语[J]. 语文建设，2000（7）：11-12.
② 李明. 也谈字母词语问题[J]. 语言文字应用，2002（4）：101-103.
③ 下文与此类似的"汉字"均包括汉语语素和汉语词，为称谓方便统称为"汉字"。
④ 付义荣. 略论汉语中的字母词[J]. 南京社会科学，2003（2）：84-88.

字母的字母词（如"CD"）和多字母的字母词（如"KTV""CCTV"）。此外，还有一些含有数字的字母词（如"维生素B_1""三K党"）等。从字母的位置看，分为字母位于汉字前的字母词（如"T恤""O型血"）、字母位于汉字后的字母词（如"卡拉OK""维生素E"）以及极少数字母位于汉字中间的字母词（如"三C革命""后PC时代""中国C网"）[1]。若从专业领域看，可将字母词分为专门名称类、科技术语类和经济术语类等8大类24小类[2]。

四、字母词的读音

关于字母词的读音问题，确切地说，是指字母词中字母成分的读音问题，存在着较大的争议，不少学者提出了自己的看法。有人认为，字母词的字母读音都受到了汉语语音的影响，应用汉语语音或近似的汉语语音去读这些字母[3]；也有不少人主张既然字母词用的是外文字母，就应该采用外文（英文）字母的读音，而不必用汉语拼音去读[4][5][6]；也有人提出汉语和英语两套读音并行不悖，都可视为规范读音[7]。周一民、王均和贾宝书还各自拟构了一套字母音读模式。周一民提倡使用"京音"[8]；王均建议"大体依靠英语字母的名称，改依中国数理化教员的读音"[9]；贾宝书则认为

---

[1] 刘涌泉. 关于汉语字母词的问题[J]. 语言文字应用, 2002（1）: 85-90.
[2] 皇甫素飞. 从《文汇报》看汉语字母词的历史演变[J]. 修辞学习, 2004（5）: 43-46.
[3] 曹学林. 字母词语也是汉语词语[J]. 语文建设, 2000（7）: 11-12.
[4] 沈孟璎. 浅议字母词的入典问题[J]. 辞书研究, 2001（1）: 30-38.
[5] 刘涌泉. 关于汉语字母词的问题[J]. 语言文字应用, 2002（1）: 85-90.
[6] 刘建梅. 现代汉字系统中外来字母规范浅议[J]. 语言文字应用, 2002（1）: 91-94.
[7] 周健等. 略论字母词语的归属与规范[J]. 语言文字应用, 2001（3）: 95-99.
[8] 周一民. VCD该怎么读——谈谈英语字母的普通话读音[J]. 语文建设, 2000（6）: 16.
[9] 王均. 书《VCD该怎么读》之后——兼谈汉语拼音的字母名称读音[J]. 语文建设, 2000（6）: 17.

"大多数字母词是可以用汉语拼音来注音的"①。徐来娣借鉴了英语、德语、法语、西班牙语和俄语中的"字母缩写词"读音情况,认为"尚未汉语化的字母词原则上是'读音英语化',汉字和英文字母夹杂而成的混合型则'半汉半英'"②。但这些仅是个人式的建议,未能作深入的调查和可行性论证,因而,如何有效地解决字母词的读音问题仍是一个值得探讨的课题。

五、字母词的规范

在字母词的规范方面主要讨论词的书写形式、读音和使用规范。在书写上提倡有统一的规范,如字母的大小写、连字符、阿拉伯数字的写法等;在语音方面,是用汉语音还是用英语音读字母词中所含的字母,也应确立一致的标准,在这方面的探讨如前文所述;在字母词的使用上,人们一致认为"应遵守汉语的习惯,把握好'必要、适当、规范'的原则,坚决反对字母词的泛滥"③。常文斐认为:"对待字母词不能一禁了之,而应以科学的态度分领域、分类型进行规范。"④因此,对字母词的规范可以从党政机关、学校、新闻媒体和公共服务行业着手,不同使用领域区分对待。

六、字母词的入典

随着字母词在现代汉语中使用的普及,越来越多的词典收录了字母词条,人们也开始关注字母词的入典问题。比如,词典该不该收录字母词,收录多少为宜;又由于字母词构成的特殊性,字母词在词典中应如何排

---

① 贾宝书. 关于给字母词注音问题的一点思考与尝试[J]. 语言文字应用,2000(3):77-80.
② 徐来娣. 也谈汉语"字母词"的读音问题——由外语"字母词"相关情况得到的启发[J]. 南京社会科学,2004(4):90-93.
③ 刘云汉. 正确对待汉语中的字母词[J]. 汉字文化,2001(1):50-53.
④ 常文斐. 基于舆情的字母词使用问题思考[J]. 语文建设,2020(17):70-72.

序、如何注音和如何释义①②③……都是大家关注的问题。也有学者提出，可根据字母词的汉化程度收录到综合性词典中，也可收录到专门的字母词词典中④。

字母词收入《现代汉语词典》曾产生过争议，持否定态度的人士主要出于对汉语言纯洁性的担忧。笔者认为，从《现代汉语词典》的收录情况来看，其收词标准是非常严格的，基本上践行了以下几条收词原则。

1. 坚持适度精当的选词原则

《现代汉语词典》至今共出了7版，从初版到1983版、1996版、2002版、2005版、2012版，字母词的收录基本呈递增的趋势，由最初仅有的13条依次增加到14条、39条、142条、182条、239条和235条。虽然收录的词条不断增多，但相对于收词的总数而言，字母词所占的比例仍是非常低的。就以收词最多的第6版为例，总收词数为69000多条，字母词只有239条，仅占0.3%左右；相比之下，一本字母词词典就可能收词一二千条。

2. 忠实记录语言事实的原则

《现代汉语词典》除了规范的功能外，还有描写、记录语言生活事实的功能，而且这个功能非常重要，不可或缺。语言的基本功能就是交际，交际价值是评价语言的一个基本准则；而词典的基本功能就是忠实地记录语言现实，并且是比较稳固的且已通行使用的词汇现实。在信息化时代，科技发展日新月异，科技术语层出不穷，要想完全避开使用字母词是不现实的，我们要坦然承认其存在的现实性，并加以合理地收录和使用。

3. 遵循语言的从众性和普遍性原则

语言从来就是属于社会的而非个人的，既然普通大众选择使用字母词，那么从语言使用的从众性考虑，作为汉语规范辞书之一的《现代汉语词典》也应适当地收录字母词，以满足大众学习和使用的需要。当前，社会的发

---

① 沈孟璎. 浅议字母词的入典问题[J]. 辞书研究，2001（1）：30-38.
② 刘涌泉. 关于汉语字母词的问题[J]. 语言文字应用，2002（1）：85-90.
③ 刘建梅. 现代汉字系统中外来字母规范浅议[J]. 语言文字应用，2002（1）：91-94.
④ 朱俊玄. 字母词的界定与规范[J]. 语言文字应用，2017（1）：88-97.

展带来人们生活和文化心理的变化，从一个侧面推动了字母词在汉语中的发展。一方面，社会高速发展，新生事物不断涌现，人们要求以最简捷的方式去获取新知识，尽量减少语言文字的障碍，于是产生了运用语言文字的经济性需求，而字母词的优势正符合此经济性原则，不仅书写简便，而且一般按字母的排序逐个发音，简捷易用。另一方面，社会生活的变化又促进人们意识观念的变化，在新的社会背景下人们在运用语言方面出现了求新尚异的心理倾向。因此，大众乐于使用字母词，像《现代汉语词典》所收录的这些字母词条其实都已在语言实践中被广泛使用。

七、字母词的具体应用问题

随着研究的不断深入和语料库技术的逐步普及，对字母词在语言生活中的使用状况进行调查的成果日益增多，学者们尤其关注字母词在各类媒体中的使用，而且比较集中于对报刊的调查。如皇甫素飞从历史动态角度分析《文汇报》中字母词的演变情况[1]；王梦纯通过比较《光明日报》《人民日报》《南方周末》《环球时报》等8份报纸中的字母词使用情况，认为"字母词是时代进步的体现，它的使用不会动摇汉语的主体地位"[2]；而陈佳璇等选取了15份报纸，统计分析了报纸中字母词的词形分类及其数量分布[3]。

此外，学者们较多关注字母词在广播电视媒体中的使用情况。如常文斐通过对中央广播电视总台的节目《新闻和报纸摘要》进行考察，发现广播语言中字母词的使用呈现区别性、偶然性和集中性的特征，并且存在语音、书写和注释方面的问题；并指出"字母词在汉语中的存在已是不争的事实，

---

[1] 皇甫素飞. 从《文汇报》看汉语字母词的历史演变[J]. 修辞学习，2004（5）：43-46.
[2] 王梦纯. 汉语中字母词使用现状的考察[J]. 江西社会科学，2006（9）：84-86.
[3] 陈佳璇，胡范铸. 我国大众传媒中字母词使用状况的调查与分析[J]. 修辞学习，2003（4）：1-4.

与数字、标点符号一样,都是汉字系统的有力补充,在媒体领域关于字母词的规范重点不应局限于用不用的问题上,而应关注怎么用的问题"①。段业辉等比较了字母词在报纸和广播电视媒体上的使用情况,通过分析《人民日报》《新闻和报纸摘要》《新闻联播》等10个权威新闻类节目和报纸的字母词使用情形,发现由于媒体的特性,在新闻报道中,纸质媒体使用字母词的频率高于广播和电视②。也有学者关注到了字母词在社交媒体上的表现,如邹煜等对政务微博中字母词的使用状况进行调查,发现政务微博中科技字母词的使用频率较高③。

八、对字母词的使用态度

综合来看,关于字母词使用状况的研究较为丰富,而对字母词使用态度的考察则较缺乏。关于语言态度方面的研究,如邹玉华等运用社会语言学的方法分析字母词的使用在职业、性别、年龄、文化程度等方面的分布差异,在所调查的人中,59%赞成使用字母词,23.2%持中立态度,16.9%反对在汉语中使用字母词④。张荻则通过目标抽样法,对广播、电视、网络媒体从业人员的字母词使用态度进行了探讨⑤。人们的语言行为会受到语言态度的影响,因此,语言态度的研究对于语言行为和语言变化的预测和判断具有一定的参考价值。

此外,不少学者也关注字母词存在的合理性和语用价值。"当人们遵循约定俗成的语用原则在同一语言社区内使用同一语言进行交往时会遇到许

---

① 常文斐. 广播语言中字母词使用问题研究[J]. 中国广播电视学刊,2022(5):72-75.
② 段业辉,刘树晟. 权威媒体字母词使用状况的调查与分析[J]. 语言文字应用,2014(1):60-67.
③ 邹煜,邹沫佳,滕永林,等. 政务微博中字母词使用状况调查研究[J]. 语言文字应用,2021(2):55-65.
④ 邹玉华,马广斌,刘红,等. 关于汉语中使用字母词的语言态度的调查[J]. 语言教学与研究,2005(4):66-73.
⑤ 张荻. 媒体从业人员字母词使用态度调查[J]. 语言文字应用,2020(3):89-96.

多矛盾。矛盾之一就是语言已有的有限的语符与处于不断发展中的客观世界以及层出不穷的新鲜事物之间的矛盾。解决这种矛盾就意味着建立新的音义关系或创立新的语言符号来指代新的事物或表达新的意义。在解决这种矛盾方面，各民族都有许多成功的做法。除了对旧词赋予新意、创造新词等方式外，借用外来词也是一种有效的做法。"①加之字母词具有简便、高效、经济和与国际接轨等优点，字母词便应运而生，且具有自身的存在价值。

由此可知，字母词的研究是新词新语研究中的重要课题之一，不少学者进行了多角度多方位的探讨，提出了一些自己的见解，取得了一定成果。但也还存在一些问题。比如，各方只是给字母词下了一个粗泛的定义，并未明确字母词的内涵和外延，造成对字母词正式成员的认识模糊，妨碍了进一步的研究；研究思路基本停留于有关字母词形式方面的描写或定性、读音等问题的争议上，尚未进入到词汇本体理论的探讨；在研究方法上，个案式的商讨较多，量化的分析较为缺乏，因而未能达到对字母词整体的深入认识与研究。

字母词的研究之所以还存在以上不足，一方面是因为字母词大量涌入现代汉语并为人们所运用只有几十年的时间，普通百姓对字母词的认识还比较模糊，字母词的使用也存在混乱的现象；另一方面，对字母词的关注只是近二三十年的事情。据考察，最早提出字母词并真正讨论字母词的文章当属刘涌泉于1994年发表在《语文建设》第10期的《谈谈字母词》一文。此前虽有一些文章略有涉及，但未明确提出"字母词"这一名称，且都是个案式的杂谈，还称不上对字母词的专题研究。

字母词的研究虽存在不足，但无论如何，前人的努力是这一领域后续研究的基石。本书就是在前人的研究基础上通过定量的数据考察和定性的分析，对在字母词的研究方面讨论得不够深入的几个问题作专题探讨。

---

① 王崇义. "洋"词中"用"的社会文化背景及其语用价值[J]. 语言教学与研究, 2002（3）：75-79.

首先，如前所言，目前学界只是给字母词下了一个粗略的定义，对哪些字母代码可以归入字母词的正式成员尚未明确，对字母词的运用状况缺乏全面的把握，这势必给字母词的深入研究造成一定的困难。针对这一问题，本书以理性的分析和客观的量化为依据，对大量的字母代码进行分级筛选界定，以期为字母词成员的划定及后续研究提供一个参考依据。其次，虽然在字母词读音方面不少学者提出了自己的见解，但缺乏足够的说服力。本书在社会语音调查的基础上论证了确立英文字母音为字母词读音的合理性，并探讨了各类字母词的具体读音形式。至于对字母词词形的研究，也尚停留于对字母词的种类或构成等书写形式方面的考察；而字母词词义和语法功能方面的探讨则涉及不多，具有较大可探讨的空间。

第三节　字母词的界定

字母词主要来源于由纯外文字母或外文字母和汉字或数字组合而成的缩略语，但并非所有包含字母的缩略语都是字母词，只有其中一部分是汉语字母词，成为汉语词汇系统的正式成员。人们对哪些属于汉语字母词，哪些还不能算是汉语字母词仍存在模糊的认识，本节拟对字母词作出较详细的界定。

本书收集的字母代码（在作出界定之前，暂称为"字母代码"）主要来源于《现代汉语词典》、字母词专科词典及新词新语词典等十几部语文辞书，具体如下：《现代汉语词典》（商务印书馆，从1983年版至2016年版）、刘涌全《汉语字母词词典》（外语教学与研究出版社，2009年）、刘涌全《字母词词典》（上海辞书出版社，2001年）、沈孟璎《实用字母词词典》（汉语大词典出版社，2002年）、于根元主编的《中国网络语言词典》（中国经济出版社，2001年）、韩明安主编的《新词语大词典》（黑龙江人民出版社，1991年）、奚博先等主编的《新词语词典》（人民邮电出版社，1993年）、李行健等主编的《新词新语词典》（语文出版社，1993年增订版）、林伦伦等编著的《现代汉语新词语词典（1978—2000）》（花城出版社，2000年）、于根元主编的《现代汉语新词词典》（北京语言学院出版社，1994年）、李达仁等主编的《汉语新词语词典》（商务印书馆，1993年）等。

总共收集了字母代码4000多条，但各部词典多有重复，根据所指同一、忽略字母大小写等书写形式方面非主要因素的差异和通行为优的原则，如对"E-mail"和"e-mail"、"ABC"和"A.B.C"、"API"和"API指数"，分别取"E-mail""ABC""API";排除各部词典重复收录的,从中筛选出2222条字母代码,但它们并不全是字母词。

字母词首先应是一个词,只不过是以字母为形式载体,但在所收集的2222条字母代码中有相当一部分不是词,当然不能称之为字母词了。因此,字母词的界定应先排除显性的非字母词,区分词与非词。

诚然,时至今日我们还不能给词下一个绝对科学的定义,但我们对词已有比较一致的认识,能根据词的通行定义和特征大致区分出哪些是词,哪些不是词。

第一,词是最小的能够独立运用的语言单位,为了满足能够独立运用的条件,就必须有明确的所指,或指称某一事物,或指称某一概念等;否则,既可以指此物,又可以指彼物,没有实在意义,则无法独立运用。因此,在2222条字母代码中,以下两类不是词:

(1)单字母代码

单个的外文字母指称含混,可以临时用来指代许多事物,缺乏明确的意义,因而不是一个独立的词,只能是一个字母代码,其所指依具体的语境而定。如字母"P"可以表示:

① 元素"磷"(phosphorus)的符号;
② 中国普通(putong)列车的代号;
③ 英文单词parking的首字母,表示停留、停止的意思;
④ 停车处(Parking);
⑤ 停车管理员服装上的标识,通常在其服装的背部和臂上有一个显著的"P";
⑥ 电话上的符号,指脉冲(pulse);
⑦ 英文单词page的首字母,指页;
⑧ 英文单词print的首字母,指打印;
⑨ 英文单词part的首字母,表示部分。

(2)不成词的字母词缀

在字母代码中,还有一些字母形式的词缀,这些词缀附着性强,不能单独使用，常常与其他词结合在一起才能表达一个完整的概念。如：

① store：E-mail网址的后缀，是一种顶级域名，代表商业销售机构；

② cn：英文单词China的缩写，指中国，是我国在因特网上注册的国家域名；

③ com：英文单词company的缩写，常常出现在公司网址上，是网络时代的象征。

这些词缀都是网络上常用的代码，没有通用性，不能单独出现在其他语境中。比如".cn"是"China"的缩写，指中国，但不能放在"我们是.cn人"这样的句子中，不能单独运用。其他诸如"Dr."（doctor的缩写，指博士）、"No."（number的简写，指号码、数字、编号）之类的代码也不能单独运用，常常作为词缀附着在其他名词或数词的前后，因而也不是词。

第二，词除了要求表义确切并能单独使用外，还有一定的书写形式标准。因此，下列几种非词形代码不是词：

（1）特殊字母符号

在语言实践中，为了书写简便，人们常常用字母符号来代替一些词，即使在汉字的书写系统中，也经常夹杂着这些字母符号。如"$"是货币"元"的符号，通常为了明确，还加上国家或地区的名称，如"US$"（美元）、"NZ$"（新西兰元）、"S$"（新加坡元）；"￥"是中国的货币符号，在国际上的标准写法为"RMB￥"。另外，一些比较特殊的双字母符号也不是词，主要是一些元素符号，如"Zr"〔元素"锆"（zirconium）的符号〕、"Zn"〔元素"锌"（zinc）的符号〕。这些字母符号均不具备词的形式，只是字母代码。

（2）含有字母的表达式

有些含字母的表达式虽然有明确的所指，也能单独运用，但不是以词的形式为存在状态，因而也不是词。如"3+X"指"在部分地区实行的新高考方式，即考生在必考的三门课程（语文、数学和外语）之外，可以选一门（X）文或理科课程考试"。目前，这种表达式在我国的使用频率很高，常出现在各种报刊中，如"积极开展农村富余劳动力实用技术培训，对农村初中学生实施'2+1''3+X'模式的'初三分流'职业教育"（《中国教育报》，2010年10月31日）。与此同类的，如"T+0交割"（成交的当天就可以获得股票和现金）、"5W+H"〔指新闻的六要素，意指全面的新闻报道，即不仅告诉读者"5W"（who、what、when、where、why），而且还要向读者介绍"H"（how）〕，这些只能称为字母表达式，不具有通常的词形，因而不是词，当然也不是字母词。另外，一些复杂的字母代码亦可归入此类，如"Ctrl-Alt-Del""DC/DC"。

第三，词是在能独立运用层面上的最小语言单位，因而大于词一级的复杂结构和自由词组也不应归入词这一级语言单位。如"A1—B2级专业性世界博览会"和"AB角办公制度"可以分别分析为"A1—B2级/专业性/世界/博览会"和"AB角/办公/制度"，都是可以划出两层以上结构的复杂短语，因而不是字母词。又如"AA制家庭""DNA指纹鉴定""QQ号""螺旋CT机"也不能视为字母词，因为已存在"AA制""DNA指纹""QQ""CT机"这些独立且指称明确的字母词，这些词与其他词语的组合不再是一个词，而是词组。况且，这样的词组一般都不是封闭的类，可以构成很大的词群，如果将它们归入字母词，将会泛化字母词的概念，无限扩大字母词的外延。同样，一些数字与物量单位的组合，如"15g""20m""12℃"，其形式相当自由，可以和无限的数词组合，故也不能算作词。

此外，不附加汉字语素独立成词的外语原词，也不应归入字母词，如"out""nickname""call""internet"等。这些词均有独立而完整的形音义，常常作为一个独立的英语单词夹杂于汉字中，其形音义在借用时没有任何改变。因此，它们也不是字母词，而是人们运用语言时临时借用的英语词，属于语码混杂现象。

但如果是成词的外语单词和其他字母或汉字的组合则可以构成字母词，例如"Call机""E-mail"。因为此处的"call""mail"是一个构词成分，是成词的字母语素，而"机""E"分别是不成词的汉字语素和字母语素，因而这两个词可以看成是由两个语素构成的词。

除上述外，鉴于字母词的特殊性，一些结构凝固的双层组合可以看作相当于词的单位，这主要是一些"数字+字母+汉语词"或"字母+汉字语素+汉语词"的组合形式，如"三C革命""三C四A""P型半导体""TT型人才"。这种语言形式紧密结合在一起表示一种人或事物，本书将其归入相当于词的凝固组合。

通过以上对词与非词的定性分析，本书排除了一些明显的非字母词。此外，有一些虽符合字母词的词形要求，但非常偏僻、极少人了解，或较粗俗且口语化，如"UNICODE码"（一种包罗万象的编码字符集）、"PMP"（拍马屁），这些词也暂不列入字母词的范围。经过如此筛选，剩下1435条字母代码，这些代码是字母词或准字母词，或称为隐性字母词。

第四节　字母词的媒体使用

在当今信息化时代，科技与文化迅猛发展，人们要求以最简捷的方式获取新知识，字母词简便易用的特性正好符合语言使用的经济性原则；汉字的数量有限，不断出现的新事物、新概念有时需要用新的形式来表达[①]；同时，由于意识观念的变化，人们在使用语言方面出现了求新尚异的心理和宽容开放的心态[②]，这些因素共同促进了字母词在书籍、杂志、报纸、广播、电视、网络等大众媒介中的广泛运用。

一、字母词的等级划分

本书对出现在当代媒介中的字母词进行筛选分级，以期为字母词在大众媒介中的运用提供参照。但由于目前对字母词的界定还没有一致的科学认识，我们认为除了前文的主观理性评价外，词频调查不失为一个客观的标准，因而这一节便在词频统计和量化分析的基础上依据三个概率指数对1435个字母词或准字母词进行等级划分。

一是词典指数。所谓词典指数，即给每一个入典的隐性字母词一个参数。本书收集的字母代码全部来源于词典，有的还被不同词典重复收录，但因不同词典收词的原则和标准，不同词典收入的字母代码所得的参数也就不同，本书以此作为衡量不同字母代码通行度的标准之一。

---

① 郭熙. 论华语视角下的中国语言规划[J]. 语文研究，2006（1）：13-17.
② 郭林花. 字母词在媒体语言中渗透的社会语言学分析[J]. 理论月刊，2012（4）：66-69.

本书字母代码涉及的词典有《现代汉语词典》、新词新语词典、网络词典、字母词典。其中，《现代汉语词典》是目前我国中型的指导性汉语规范辞书，在人们的学习生活中影响很大，所收的词是通行于现代汉语中的大众语汇，且收词严谨。在所收入的近7万条词中，字母词所占的比例极其微小。如在附录中，2002年版仅收142条，2005年版收182条，2012年版增至239条，2016年版收235条。与此相比，新词新语词典和网络词典的收词较宽一些，收入的字母词明显增多，如《中国网络语言词典》中收录了240条字母代码。当然，收词最广的是字母词专科词典，仅《汉语字母词词典》就收了2000多条。因此，收得越多越泛，也就收得越偏，一些偏僻的或非词的字母代码也夹杂于其中；反之，收得越少，收得越精，其词条的通行度就越高。并且，大部分被《现代汉语词典》收录的词条重复出现于新词新语词典和字母词典中，多数新词新语词典中的字母词条也被收入字母词典中。由此可见，《现代汉语词典》（一级辞书）收录的字母代码通行度最高，新词新语和网络词典（二级辞书）收录的次之，字母词典（三级辞书）收录的通行度最低。鉴于此，本书将这三种辞书收录的字母代码分别赋予3、2、1的指数，不重复计算，即收入一级辞书的词典指数为3；收入二级辞书但排除已出现在一级辞书的词典指数为2；排除收入一级、二级辞书中的，剩下的便是收入三级辞书的，其词典指数为1。如"WTO""X光"词典指数为3，"GIF""PC卡"词典指数为2，"EFT""HUGO"词典指数为1。

二是平面媒体[①]词频指数。首先将要调查的词输入报刊语料库中进行词频统计，然后根据出现的词频数分为三个等级，100及以上词次为一级，10~99词次为二级，1~9词次为三级，最后分别赋予一级、二级、三级词3、2、1的词频指数，没有出现的词频指数为0。如"Wi-Fi""PDF""BIOS"在所检索的报刊语料库中出现的次数分别为128、37、4，其平面媒体中的词频指数分别是3、2、1。

---

① 平面媒体词频调查的数据来源于国家语言资源监测与研究中心平面媒体语言分中心的动态流通报刊语料库，检索了2011年、2012年全年度的三种报刊——《人民日报》《中国青年报》和《广州日报》，并作词频统计。

三是有声媒体①词频指数。与平面媒体词频指数的计算方法相似，统计出这些词在广播、电视有声文本语料库中的词频数后，与上面的标准一样分为三个等级，分别给予3、2、1的词频指数，未出现的为0。如"X光""EMBA""MPA"的词频数分别是175、63、7，其有声媒体的词频指数分别为3、2、1。

然后根据这三个量表的概率指数逐一合计出1435个词条的总指数，最高的总指数是9，最低的是1，再将计算出的总指数分成A、B、C、D四个等级，总指数7～9为A级，4～6为B级，2～3为C级，总指数等于1的为D级。如，"GDP"的词典指数为3，平面媒体指数为3，有声媒体指数为3，其合计指数是9，属于A级字母词。在1435个隐性字母词中，A级字母词有47个，B级字母词有167个，C级字母词有424个，剩下的797个为D级字母词。

一般说来，词出现的概率指数越高，其使用频率就越高，就越为人们所了解和运用；反之亦然。以上A、B、C、D四级分别代表了不同通行度的字母词，A级词的使用频率相对较高，B、C、D级词的使用频率依次递减。因而，A级词可称为是"典型字母词"，B级词可认为是"高频字母词"，C级词是"次频字母词"；而D级词只被收录于字母词典中，未出现在本文所查的平面媒体和有声媒体语料中，比较偏僻，日常生活中不常见，称之为"低频字母词"或"准字母词"。

二、字母词的分级使用

进入21世纪后，字母词更是大量涌现，在大众传媒和普通民众的日常生活中相当活跃。无论是报纸、图书、杂志，还是广播、电视、网络，字母词随处可见。当今大众媒介和出版物对字母词越来越开放的态度也引起了管理部门和学者的关注，对字母词提出了异议。如，原广电总局于2010年4

---

① 有声媒体词频调查的数据来源于国家语言资源监测与研究中心有声媒体语言分中心的有声媒体语言文本语料库；该语料库包括2008—2012年的15871个广播和电视节目的转写文本，约1亿字，本文检索了其中2010—2012年全年度的文本语料。

月向央视等媒体下发通知,要求在主持人口播、记者采访和字幕中,不能再使用诸如"GDP""WTO""CPI"等字母词,取而代之以"国内生产总值""世界贸易组织""消费者物价指数"等[①];2010年2月28日,上海《文汇报》刊发了《300年后汉语会消亡吗?》的文章[②];2012年,商务印书馆发行的第6版《现代汉语词典》因收录了"NBA"等239个西文字母开头的词语而引发争议。这些对字母词的使用和收入辞书持否定态度的人士主要认为在汉语中使用字母词不伦不类,破坏了汉语的纯洁性,主张应该将其翻译成汉字词[③];也有人认为字母词大量出现会影响词语的理解和识别度,甚或丧失民族文化自信心[④]。对此,我们认为担忧虽可以理解,但如果因此而完全否定字母词在汉语语言生活中的使用却是有失偏颇的,也是不切实际的。如,据一项字母词的语言态度调查显示,字母词在汉语中的使用得到大多数人的认可,对使用字母词真正反感的人并不多[⑤];又如,针对原广电总局的限令,有人进行了了后效调查,结果受访者中有25%的人认为字母词言简意赅,丰富了汉语的词汇;71%的人认为字母词大量涌入汉语的趋势已不可阻挡,只要加以积极引导、规范使用,是可以接受的;仅有4%的人认为字母词是非汉字式的词语,破坏了汉语的纯洁性[⑥]。

  笔者对此表示赞同,语言既是交际的工具,也是文化的载体;对语言的态度反映了对民族和文化的态度。汉语言文字承载了丰富的汉民族文化,过度使用外语词、字母词可能会冲击汉语言文化的独特性,也可能造成一定的语言交际障碍[⑦];所以,目前对外语词进行中文译写规范是很有必要的,反映在字母词方面,虽然不可能禁用字母词,但也不宜滥用,而是要合理地使

---

① ⑥ 楼咪莉,马玲女,魏静. 广电总局限用字母词的后效研究 [J]. 科技信息,2010(29):561-562.
② 苏培成. 谈汉语文里字母词的使用和规范 [J]. 中国语文,2012(6):568-573.
③ ⑤ 邹玉华,马广斌,马叔骏,等. 字母词知晓度的调查报告 [J]. 语言文字应用,2006(2):36-42.
④ 刘大为. 字母词——语码转换与外来词的角色冲突 [J]. 当代修辞学,2012(5):90-92.
⑦ 胡明扬. 关于外文字母词和原装外文缩略语问题 [J]. 语言文字应用,2002(2):98-101.

用。由于大众媒介对现实语言的巨大影响，依据前文对字母词所作的界定和分级，我们认为在大众传媒中应针对不同情况分级使用字母词。

第一，对于非词的字母代码，大众媒介不应将其视为独立的词，只能作为字母代码在特定的语境中出现。而像"HUGO"（人类基因组组织）、"ICTSB"（信息和通信技术标准委员会）、"IVOD"（交互式视频点播系统）、"ICC"（国际计算机中心）、"ISS"（国际空间站）、"IFAW"（国际爱护动物基金会）等大量D级字母词[①]，如前所述，它们只收录于字母词典中，未出现在其他大众媒介中，属于"低频字母词"或"准字母词"，所以也不应在大众媒介和出版物中单独使用，尤其是不宜在报刊、书籍、广播、电视等传统媒介中单独使用。即便在网络或其他新媒体中使用，也必须与对应的汉语名称共现。

第二，前文界定的47个A级字母词，它们属典型字母词，在现实生活中已比较通行，个别看似比较生僻，但属行业或专业用语，一般也只出现于特定的语境中。这一类字母词可在主流和非主流媒体中较自由地使用，但也不是非用不可，也可用其对应的中文说法。

A级字母词列举如下：

B超、B股、CBD、CT、CEO、CPI、DNA、E-mail、GPS、GDP、IC卡、CCTV、IP地址、IT、KTV、NBA、LED、PK、PM2.5、QQ、POS机、SUV、UFO、VIP、WTO、X光、3G、AA制、4S店、CD、BBS、DVD、BRT、MBA、MP3、MP4、OK、T恤衫、U盘、3D电影、SIM卡、3G手机、卡拉OK、ATM机、A股。

第三，B级字母词有167个，这些词语大众大都比较熟悉，但有些专业性和行业性较强，在传统媒体和口播新闻中宜谨慎使用，在网络或其他新媒体中可较自由使用，对于公众不太熟悉的仍须加汉语注解。

[①] C、D级字母词因数量较大，为节省篇幅未如数列出。此外，下文列出的字母词中有些未加注汉语释义，因这些词条均来源于所列参考文献的辞书，其释义有据可查，读者可自行查阅。

B级字母词列举如下：

IQ、阿Q、甲A、维生素A、维生素D、USB、ABC、A级、FM、G20、G8、GB、GMP、B2B、B2C、BTV、X光机、CDMA、CEPA、CPU、DIY、DJ、DV、EMBA、EMS、X光片、GSM、HIV、H股、IBM、ICU、IPTV、MTV、Wi-Fi、ISO、K粉、K歌、K金、K线、LCD、M1、MSN、NGO、PE、pH值、PS、PVC、QDII、QFII、SOS、QS、SARS、24K、18K、4G、SNS、SOHO、SPA、TV、VS、WAP、WHO、X射线、X线、API、维生素C、IE、A4、AAA级、维生素B_1、ADSL、4D、BP机、CCC、EB病毒、EQ、F-16战斗机、Flash、ID、IDC、LOGO、IT界、IT企业、IT业、MPA、NASA、NBC、NG、OA、OTC、O型、O型血、PPT、PT、SAT、SCI、ST股、UPS、TCL、U形、VC、VCR、A3、AAAA级、AA级、ABS、AI、AIDS、AM、AQ、AV、A型血、TOEFL、BB、BMW、B细胞、B型血、C2C、SOS儿童村、TMD、T细胞、T型台、USB接口、VCD、VIP卡、V形、WC、WWW、RMB、甲B、X染色体、XO、Y染色体、β射线、γ射线、维生素E、IP电话、IP卡、MRI、M型、OPEC、PC机、CI、HDTV、CNN、HPV、APEC、BBC、CBA、ECFA、F1、FBI、GRE、IMF、IPO、M2、MV、NHK、PPI、PMI、PC、ST。

第四，C级字母词有424个，这类字母词所占的数量较大，行业用语较多，故在主流媒体中应少用或不用，尽量用其对应的汉语说法，但在一些非主流媒体和新媒体中可以适当选用，并加注汉语词素或释义。

C级字母词（部分）列举如下：

DC、DOS、ED、A片、BEC、BLOG、B族维生素、C4ISR、CDMA手机、CET、D版、CATV、CA认证、CD-ROM、CIH病毒、WAP手机、Web2.0、Wiki、ISBN、ISDN、IT市场、PDF、PPP、PTV、QC、PC塑料、PETS、PICC、PIN、POPS。

李宇明先生曾说："权威媒体主要影响社会主流用语，社会亲和力强的媒体主要影响大众特别是青少年的用语；其中，报刊语言主要影响书面语，广播电视语言主要影响口语或书面语的口语表现形式；网络语言主要影响语言的新鲜用法。"①可见，大众传媒在语言生活中扮演着十分重要的角色，在运用字母词这一类新词新语时也应采用慎重的态度，应据其不同的通行度，在不同的媒体语境中使用不同级别的字母词。总之，要把握好"必要、适当、规范"的原则，不宜禁止使用字母词，也不能在大众媒介中误用和滥用字母词。

---

① 李宇明. 大众媒体与语言［J］//姚喜双，郭龙生. 媒体与语言. 北京：经济科学出版社，2002.

第二章 大众媒介中的字母词

第五节 字母词的语言本体分析

一、字母词的形义特点

字母词是现代汉语词汇系统中的新成员，并且是特殊的成员，其形音义都表现了一定的特殊性。现以A、B、C、D四级1435个字母词为主要对象将字母词的词形和词义联系起来，探讨其形义方面的特点，归纳起来，主要有如下六个方面。

（一）采用字母的简称形式

之所以称此类词为字母词，就是因其词中一定含有字母，这些字母都有一定的来历，或是由其他原词语（主要是英文词语）中的字母缩略而成，或是以某个外文字母来指称某类事物。无论是哪一种，均可以看作字母的简称形式，这是字母词词形方面最明显的特点。主要表现为以下几种形式：

（1）几个英文词语的首字母缩写形式或是其他英文字母的缩写形式。如：

【VCD】：video compact disc的首字母缩写。视频高密光盘，也称VCD光盘。

【LISP】：list processing的缩写，前一个词取前三个字母，后一个词取首字母。指表处理或表处理语言。

【TV】：television内部字母的缩写。

（2）英文词语字母缩写加汉字。如：

【SIM卡】：SIM是subscriber identity module的首字母缩写，指用户标识模块。SIM卡即用户身份识别卡。

（3）单个字母与汉字组合指代某类事物。如：

【A级】：A是拉丁字母表中的第一个字母。国际上用A级表示产品优等。

【S钩】：S形铁钩。

【维生素C】：维生素的一种。

【α粒子】：甲种粒子。希腊字母表中的第一个字母是α，也叫阿尔法粒子。

这类字母词用单个字母附加汉字（词）即可指代某类事物，形式简洁，但内涵丰富，因而其词形也可看成采用字母的简称形式。

（4）汉语拼音字母（或加汉字）缩略形式。如：

【HSK】：汉语拼音hanyu shuiping kaoshi（汉语水平考试）首字母的缩写，是汉语水平考试的代称。

【JT票】：JT是汉语拼音jite（纪特）首字母的缩写。指纪念特种邮票，简称纪特票。

（5）英文字母和汉语拼音字母的简缩形式。如：

【TJTV】：由汉语拼音tianjin（天津）的首字母和TV组合而成。指天津电视台。

（6）数字和字母（或加汉字）简缩而成。如：

【18K】：18K（金）。

【14K党】：20世纪60—70年代香港黑社会组织四大帮之一。

除以上外，也有例外的，有由完整的外语单词和汉字或其他字母组成的字母词，如"Call机""E-mail"；个别字母词还采用某个英文单词形式的字母代码来表示，如"Flash"（网页制作与动画创作的专业软件）。这种词形看起来像一个英文单词，其实只是一种字母代码，成为一类字母词，但这类字母词只是个别现象，并不普遍。

以上字母词的结构形式虽各不相同，或由几个原词的字母缩略而成，或以单个字母和其他数字或汉字的组合来表示，但都突出地显示了字母词词形简练的特点。

（二）采用字母附加汉字的形式

字母词词形的另一特点是在字母前后附加汉字，主要作用是区别同形代码和使字母代码的表意更加明确。主要有以下几类：

（1）在一组相同字母代码后附加汉字以增强表意的确切性

由于字母的有限性会产生一些同形字母代码，若不加限制，势必出现仅以几个拉丁字母的组合来同时指称几个甚至几十几百个不同事物的现象；如果这样，字母词也就失去了存在的价值。因而，为了尽量减轻同形字母的重负，便在字母后附加汉字，以示区别。如：

【AB角】：剧团里对同一个角色安排两个演员，这两人分别称为A角和B角。

【AB制】：剧团里演同一个角色的两个演员分别称为A角和B角，后延伸指一个单位里职能性质相近的人员互为A角和B角。AB制指A角和B角轮换的制度。

【AB卷】：一门考试科目同时制作两套试卷，启用一套，备用一套，称AB卷。

【AB血型】：指红细胞中含有A和B两种凝集原（抗原）的血型类别。

……

由于字母AB可以代表许多事物，附加汉字不仅区分了词形，也起到区别词义的作用。

同时，这种相同字母代码后加汉字的一组词可以形成一组组相同字母词素的词族。不过，这种同素词只是字母词素相同，各个词之间的意义不一定有联系。

又如：

【C盘】：计算机硬盘划分为几个区域，分别用拉丁字母C、D、E等表示。

【C照】：指所考取的汽车驾驶执照，只能驾驶小型汽车。

【C语言】：是20世纪70年代由贝尔实验室开发出来的一种程序设计语言。

【C字签证】：也称乘务签证。C是"乘务"的汉语拼音chengwu的首字母。

……

这一组C字母词素词词义之间就没有什么必然的联系，词中的字母C各有其来源。

（2）在一组相同字母代码前添加汉字以限定词义范围

这主要对同形字母代码加以限定，以区分不同事类。如CT作为"计算机体层成像仪"的代称被广泛运用后，又出现了新型的CT，于是加上汉字以限定其差异部分。如：

【心理CT】：对病人的心理状态进行测试、分析的计算机心理诊断系统。

【螺旋CT】：螺旋CT扫描仪。

（3）对已有的字母词引申的新词加注汉字，以示不同。如：

【APC】：aspirin（阿司匹林）、phenacetin（非那西丁）、caffeine（咖啡因）的首字母缩写。指复方阿司匹林，是一种感冒药。

【APC大夫】："APC"是复方阿司匹林的英文缩写。"APC大夫"是指医术水平较低，只会开伤风感冒药的医生。

（4）两个字母词所指相同，其中一个附加汉字。如：

【HSK】：与"HSK考试"所指相同。

【HSK考试】：HSK为"汉水考"拼音首字母的缩写。指汉语水平考试。

在以上四种形式中，第一、第三类较常见，第二、第四类数量较少。但字母代码附加汉字是字母词词形的重要表现形式之一，因加注汉字后更加明了易懂，也更加符合汉语的表达习惯。

（三）存在同形现象

现代汉语普通词汇中有一些同形词。所谓同形词，是指书写形式相同，但语音形式和词义都不相同的词[①]。字母词中也存在部分同形词，是指那些书写形式相同，即由完全相同的字母和汉字成分构成，词义之间没有任何联系、读音却相同的字母词。读音相同是因为字母发音纯正单一，不存在多音

---

① 葛本仪. 现代汉语词汇学［M］. 济南：山东人民出版社，2001：153.

或音变的现象，汉字成分亦不改变其读音，因而字母词中的同形词是同形同音异义词。

在本书筛选出来的1435条字母词中，发现了25条同形字母词。这些词在词典中表现为两种情况：

一是书写形式完全相同但所指不同的词分立为不同的词条。如：

【CD】：computer disc的首字母的缩写。指激光唱片。

【CD】：certificate deposit的首字母缩写。指大额可转让定期存单。

二是将词形相同、所指对象不同的词归入同一词条，不单独立目。如：

【CVD】：① cardiovascular disease的首字母缩写。指心血管疾病。

② China video disc的首字母缩写。指中国视盘。

这种形式的词条看似一词多义，其实仍是同形词，因只是词的书写形式即字母代码相同，词的指称内容完全没有联系。如CVD可指心血管疾病或中国视盘，两者之间没有任何联系。在其他语文辞书中对普通汉语词中的同形词和多义词有一定的立目原则，即只是词形相同、词义没有任何联系的词条单独立目，在词目上标明"1、2……"；对于多义词则是在同一词目下分立几个义项，不必单独立目。有些词典将同形字母词置于同一条目下或许是为了节省篇幅，从中也反映了字母词在入典编纂方面的缺陷。

总之，在现有入典的同形字母词中，无论分开立目还是放在同一词条内，绝大多数是同形词，只有极个别的字母词由于存在时间较长词义有了引申，所指对象之间有一定的联系。如：

【ABC】：① 原指教授字母所用的启蒙课本abecedarium，即字母入门。

② 指某一基础知识或浅显的道理。

③ American Broadcasting Companies，Inc.的首字母缩写，即美国广播公司。

④ Australia Born Chinese的首字母缩写。指称在澳大利亚出生的中国人。

其中，①和②之间有一定联系，①②与③④之间没有任何联系；①和②可以归入同一个词，①和②与③④之间构成同形词，应分属三个词。

由上可知，字母词中存在一些同形词，并且主要是拉丁字母同形词。究其原因，正如上文所言：字母词词形采用字母的简称形式，主要是拉丁字母的简缩形式；而拉丁字母的数量有限，总共才26个，要以26个字母的排列组合来表达众多事物，况且不宜是多位字母的组合，否则又失去了字母词经济简便的优势。字母词一般以1~5个字母长度为宜，以2~3个字母长度最普遍，因此，出现以完全同形的字母组合表达不同事物的现象，这纯属巧合。另外一个值得注意的现象是同组同形词的使用频率是不同的，有的高，有的低。如上例CD中的①义出现频率较高，较为人们所熟悉；而②义则较不通行，较少人了解。

（四）存在一些异形词

普通汉语词的异形词是指意义相同、书写形式不同，或读音和书写形式有部分差异的词①；字母词中的异形词是指书写形式部分或全部不同而词义相同的词，即组成字母词的字母或汉字部分或全部不同而所指对象完全相同的词。

这种异形词主要有以下几种形式。

（1）上文诸如"HSK、HSK考试"之类的异形词，字母代码完全相同，不同的是一个附加汉字、一个不加汉字，造成书写形式部分不同，但指称完全一样。又如：

【14K】：14K党的简称。

【14K党】：与"14K"所指相同。

（2）字母成分部分或全部不同而汉字成分相同的异形词。如：

【BB机】：即无线寻呼机。BB，是借助字母B的读音摹拟寻呼信号的"哔哔"声。

【Call机】：寻呼机，也叫BB机、BP机等。

【BP机】：指无线寻呼机。BP，一种说法认为B取其信号声，而P是英

---

① 傅永和. 关于异形词的规范问题［J］. 文字改革，1985（1）：20-23.

文pager的第一个字母；另一种说法认为是由英语beeper的内部字母B与P缩写而成。

（3）字母组合完全相同而附加的汉字成分存在差异的异形词。如：

【ABC原则】：一种重要的技术经济分析方法和企业管理的基础方法。根据"关键的少数和一般的多数"的规律，分清主要和次要，从而确定不同的管理方式。

【ABC管理法】：所指同"ABC原则"。

又如"X光""X射线""X线"，都是指"X光射线"。

（4）部分构词成分因用外文字母或汉字表示而产生的异形词。如：

"E-book""e书"均指"电子图书"，"VE"即"维生素E"。

此外，还有两种异形现象：一种是字母组合相同，因附加的汉字成分不同而构成词与词组的区别，如"AB角办公制度""AB角制""AB制"；另一种是构词成分完全相同，只是书写形式不统一，如"ABC""A.B.C"。每组异形词中的成员出现的频率也不平衡，有的较高，有的较低。

上述几种异形词的情形说明造成字母词异形的因素比较复杂，异形词的表现形式也较多样，反映了有些字母词书写形式尚未定型的情况，需要日后逐步规范。

（五）词义大多反映专科概念

大多数字母词源于专业术语，是原专科语词的简称。比如有来自以下几个领域的行业用语：

（1）计算机网络

【PC】：personal computer的首字母缩写，即个人电脑。

【IP网】：internet protocol的首字母缩写。指使用网间协议的网络。

（2）生物医学

【T细胞】：即T淋巴细胞。

【HIV】：human immunodeficiency virus的首字母缩写。称为艾滋病病毒。

（3）物理化学

【X光】：爱克斯光（X-ray）。

【pH值】：氢离子浓度指数（pouvoir hydrogene）。

（4）电子视频

【HDTV】：high definition television的首字母缩写。中文意思为高清晰度电视。

【DVB】：digital video broadcasting的首字母缩写。指数字视频广播。

（5）航天光学

【OCR】：optical character recognition的首字母缩写，即光学字符识别。

【TMD】：theater of operations missilery defense system的首字母缩写。指战工导弹防御系统。

此外，还有其他行业专用语，如"B股""GNP（国民生产总值）""MBA"等。这些专业用语首先在本领域内高频率出现，后被越来越广泛地运用而逐渐为人们所了解和接受。有的已成为人们生活中的普通用语，如"X光""B超""AIDS"；有的专业性仍较强。当然，在1400多条字母词中也有非源于专科词语的一般语词，除了如"阿Q""T恤衫""OK"之类的常用语外，也有一些组织、公司等的名称缩略语，如：

【WHO】：世界卫生组织（World Health Organization）。

【IDC】：International Data Corporation的首字母缩写，即国际数据公司。但相比之下，这类词在所有字母词中所占的分量小得多。

（六）词义单一

词义单一是字母词的又一明显特点，绝大部分字母词是一词一义。字母词中用一个词指称不同事物的一般是同形词而不是多义词，从这个角度来说，词义单一又是字母词存在同形词的原因之一。因为字母的数量有限，又要符合一词一义的普遍规则，这样就容易产生同形词。

字母词的词义单一与字母词大多源于专科词语有密切的关系，专科词语一般只表达单一的专门学科概念或事物，因而词的内容客观单一。即便是一般词语，字母词一般也只指代某一特定的人或事物，关系比较简单，这是字母词词义较单一的主要因素。

此外，尽管有些字母词存在的时间较长，如"阿Q""维生素A""X光"，但最长的也只有几十年。绝大多数字母词是新生词，有的才刚刚出现，如以下几个词就是近些年才出现的：

【BTV】：book television的缩写，即书籍电视直销。

【DINK家庭】："double income, no kids"的首字母缩写。指夫妻不要子女的家庭，中文中称为丁克家庭。

【EMBA】：executive master of business administration的首字母缩写。指高级工商管理人员。

因产生和运用的时间不长，词义还未得到发展，这是字母词词义单一的又一主要因素。

除上述外，大部分字母词是由原外文词语首字母或部分字母缩略而成的，字母代表原词，字母的组合代表原来的那个事物，只是采用了简便缩略的形式；况且大部分还附加了汉字义类或限定语，这也是字母词词义单一的原因之一。

由上文分析可知，字母词的形义方面有其特殊性，并且形与义之间紧密关联，形因义而异，义因形而殊，难以截然分开。因此，欲考察字母词须将其形与义结合起来，才能理解其形义的特殊性并探求其根源。

二、母词的读音模式

现存的字母词无非由三种成分构成——字母、汉字和数字，汉字和数字依然按照汉语的习惯拼读，因此，字母词的读音问题其实就是字母的读音问题。目前，字母词的读音比较混乱，学界对字母词的读音问题也尚未达成共识，但越来越多的学者主张使用英文字母的读音。本书认为，要解决字母词的读音问题应先看普通大众如何说，在此基础上选择较为理想的读音模式。下文即在社会调查的基础上探讨字母词中字母的读音体系，明确字母词的具体读音形式。

（一）字母词读音的社会调查

1．问卷调查

（1）选取字母词词例

首先，综合考虑字母词在通用语料和《人民日报》两个语料库的词频调查情况，从中抽选出19个作为本次调查的字母词词例，如表2-1所示（表2-1中的"A词频数""B词频数"分别为该词在通用语料库和《人民日报》语料库中出现的次数）。

表2-1　字母词词例调查表

序号	字母词	A词频数	B词频数	序号	字母词	A词频数	B词频数	序号	字母词	A词频数	B词频数
1	NBA	837	79	8	CT	97	121	15	HSK	13	1
2	VCD	832	208	9	LD	58	28	16	α粒子	11	17
3	卡拉OK	431	49	10	DOS	51	4	17	DJ	5	14
4	BP机	415	58	11	SOS	37	17	18	E-mail	4	0
5	阿Q	125	20	12	UFO	37	8	19	WTO	3	843
6	X光	123	45	13	GRE	21	4				
7	MTV	102	29	14	SIM卡	15	37				

（2）字母词词例的筛选原则

首先考虑的是普遍性原则，即选取大众较熟悉的字母词。其次是周遍性原则。一方面，为了在19个词中尽量涵盖26个英文字母（因为英文字母读音是争议的焦点所在），故也选了一些低频词；另一方面，也有少数字母词来自汉语拼音或希腊字母，故亦择一二例作为类型代表，如"HSK""α粒子"。此外，为了考察连读或分读的情况，选了如"DOS"含有元音字母的词例。

（3）问卷调查的设计

本次的调查对象为200名中国人，根据调查的目的，从年龄、文化程度、职业、英文水平四个方面进行考察。同时，从字母词及其使用群体的特殊性着眼，我们将调查人群稍向18~45岁年龄段倾斜，以提高调查结果的可信度，而其他方面则是随机调查并根据被抽取人的实况记录。将调查样卷及各类被调查对象的人数分布汇总情况整理成表2-2（为节省篇幅，表2-2中只列出了7个字母词，其余12个词未列于此表中）。

表2-2 调查问卷实况记录表表例

调查对象的个人背景	您的年龄			您的文化程度			您的职业或身份				您的英文程度		
	12~17岁	18~45岁	46岁以上	初中或以下	高中或职专	大专或以上	学生	服务经商人员	企事业政府职员	技术科教人员	不懂	略懂	较好
人数分布情况（人）	36	118	46	32	69	99	49	54	52	45	37	106	57
字母词例及读音实录	字母词			NBA	VCD	卡拉OK	BP机		阿Q		X光		MTV
	读音												

2．问卷调查的结果及分析

根据所设计的问卷，我们深入到普通人群中逐个访问，采用开放式的提问方式，即不作任何提示，并着重记录发音人的读音及个人情况，暂且忽略其对某个词确切所指的了解程度，发音不分优劣，一概照录；但若遇被调查者不知如何读某字母，则该字母词录为"不知"。

为便于分析，现将本次问卷调查的读音记录尝试用国际音标进行标记，整理如表2-3所示（只标出字母读音，不标汉字读音）。

表2-3 调查中的读音情况记录表

序号	字母词	读音1	人次	所占比例/%	读音2	人次	所占比例/%	读音3	人次	所占比例/%	不知读音的人次	所占比例/%
1	NBA	[enb/piei]	168	84	[enb/piːei]	10	5	[ênb/piei]	18	9	4	2
2	VCD	[viːs/ɕiːd/tiː] (viːs/ɕiːd/tí)	123	61.5	[weiːs/ɕiːd/t] (weiːs/ɕiːd/tí)	18	9	[wiːs/ɕiːd/tiː] (wiːs/ɕiːd/tí)	59	29.5	0	
3	卡拉OK	[əukʻei]	134	67	[əukʻêi]	66	33				0	
4	BP机	[b/piːpʻiː]	200	100							0	
5	阿Q	[kʻjuː]	88	44	[kʻiu]	40	20	[kʻiù]	64	32	8	4
6	X光	[eks]	99	49.5	[es]	18	9	[ekes]	80	40	3	1.5
7	MTV	[emtʻiviː]	138	69	[emtʻiːwi] (emtʻiːwĩː)	40	20	[emtʻiːwei] (emtʻiːweĩː)	16	8	6	3
8	CT	[s/ɕiːtʻi]	106	53	[s/ɕiːtʻĩ]	94	47				0	
9	LD	[eld/tiː]	76	38	[eld/tĩː]	32	16	[elɔd/tĩː]	82	41	10	5

第二章　大众媒介中的字母词

续上表

序号	字母词	读音1	人次	所占比例/%	读音2	人次	所占比例/%	读音3	人次	所占比例/%	不知读音的人次	所占比例/%
10	DOS	[dɒs]	74	37	[d/tɔs]	87	43.5	[d/tiːəuɛs]	39	19.5	0	
11	SOS	[esəues]	82	41	[esəuɛs]	31	15.5	[esɔuɛs]	87	43.5	0	
12	UFO	[juːefəu]	63	31.5	[juefəu]	55	27.5	[juefuə]	75	37.5	7	3.5
13	GRE	[dʒiaːiː]	47	23.5	[dʒiaːiː]	74	37	[tɕiaːiː]	64	32	15	7.5
14	SIM卡	[esaiem]	106	53	[sim]	3	1.5	[esaiem]	80	40	11	5.5
15	HSK	[etʃesˌkʻei]	73	36.5	[eitʃesˌkʻei]	68	34	[eitʃɪesˌkʻei]	50	25	9	4.5
16	α粒子	[aːlfa]	72	36	[a(ei)]	52	26				76	38
17	DJ	[d/tidʒei]	65	32.5	[d/tiːtsei]	54	27	[d/tiːtsei]	57	28.5	24	12
18	E-mail	[iː-meil]	98	49	[i-meiə]	71	35.5				31	15.5
19	WTO	[dʌb/pljuːtiːəu]	63	31.5	[dʌb/pljuːtiːəu]	84	42	[neitʌb/pljuːtiːəu]	40	20	13	6.5

053

在调查中发现，尽管发音人有各种各样的口音特征，但对这些字母仍有比较一致的读音，因而表2-3基本上反映了这19个字母词通行的读音类型。表2-3中的"/"符号表示同一字母存在清音与浊音两读的情况，如［b/piː］［d/tiː］；"（）"表示在一个词内各个字母的发音相同而词的音调不同的情形，如［emt'iːwiː］（emt'wiː）；至于［t t'］［k k'］等不送气和送气音则依其实际发音加以标注。

在上表所列的读音形式中，每个词的读音1最接近英文字母本音，读音2和读音3虽是另外的音读变异形式，但也与读音1很接近。除了个别词如"α粒子"有人误读成"［ɑ］粒子"或"［ei］粒子"外，表中有两种或两种以上读音的词的读音差异大致可分为以下三类，但时有交叉。

（1）字母的发音略有不同

主要表现为两个方面：一是辅音之间的差异，如"VCD"中的"V"有读为［viː］或［wiː］的；二是元音之间的差异，包括辅音后有无附加元音，如"LD""UFO"中的字母"L""F"各有读为［el］［elɔ］、［ef］［efə］［efu］的。但若稍加拼读即可发现，无论辅音还是元音之间都只有细微的差异，并且均向英文字母音靠近。若究其原因，主要是因这些字母属外文字母，有些音不存在于普通话语音系统中，故较难发出标准的英文字母本音而读成与之相近的音，如上例［viː］和［wiː］，因普通话语音中没有辅音［v］，所以有人读成了［w］。元音方面的差异亦如此，大多数是在英文字母本音的辅音后附加一些近似汉语音的元音，如［efu］，在辅音［f］后带上了近乎［u］的音。尽管如此，这些音仍然从属于英语语音系统，不能认为是汉语普通话语音；因其后所附的元音不太稳定，读音较弱且含混，况且整个语音形式完全超出了普通话音节结构形式，在普通话语音系统中并不存在类似［wiː］［efu］的音节。

（2）字母发音相同而音调不同

如"CT"，读音之间的差异只是读音1中每个字母之间无明显的音调区别，而读音2中末尾的"T"重读，即加上了降调。但这种末尾降调并不是绝对的，如"NBA"，有人读成［enb/piːèi］，亦有人读成［énb/piːei］；而"BP

机"则既没有降调也没有升调,在调查中未发现有人说"［b/pi:p'i:］机"或"［b/pǐ:p'i:］机",都读出了英文字母音。可见,这些音调变化是比较随意的,不存在固定的调位或调值,并未形成一致的规律而取得汉语规范声调的地位。因此,所谓的"声调"宜看作音调的变异,并不构成字母词汉语读音或英语读音的区别性特征。

(3) 字母分读与连读的不同

如"DOS",有些人读成［d/ti:əusɿ］,而有些人读作［d/tɔs］,也就是说,对于字母之间夹有元音的字母词,常有分读或连读两种读法,无论中国人还是外国人都相似。

由此可见,当前存在的字母词读音差异基本上还是属于中国人拼读外文字母(主要是英文字母)时的差异,是英文字母读音的内部差异,是标准读音与非标准读音之间的差异。也就是说,大众倾向于用英文字母音读字母词,即使一些意义来源于汉语的字母词,如"HSK",人们尽管知道是指"汉语水平考试",但仍然采用英语字母音,并未使用汉语拼音拼读。

(二) 字母词读音的媒体调查

社会问卷调查的结果是普通百姓倾向使用英文字母音读字母词,而电视、广播等大众传媒又是如何对待这些字母词的读音呢?为此,我们进行为期一个月的电视监听调查,在调查中为避免片面性,随机监听了从中央到地方电视台的新闻、专访、广告等各种类型的节目。其调查结果与问卷调查的结果一致,所监听到的字母词均是采用英文字母读音,只是发音比大众更规范,是标准的英文字母读音,如"维生素C"［si:］、"WTO"［dʌblju:ti:əu］、"MBA"［embi:ei］、"DVD"［di:vi:di:］、"CCTV"［si:si:ti:vi:］、"XO"［eksəu］、"CEO"［si:i:əu］。而出现这种情形是完全符合现实的,因为媒体语言来源于大众,同时又反过来影响大众,给予社会极大的舆论与规范导向,这种传媒与大众之间的互动作用是毋庸置疑的。

（三）有关用汉语拼音读字母词的讨论

那么，用汉语语音读字母词的可行性如何？在此，以贾宝书所建议的汉语注音和周一民主张的京音为范例作进一步的讨论。

周一民、贾宝书各在其文章中列出了英文字母的京音或汉语注音与英语字母本音的音读对照表。现将这些京音、汉语注音与现实语言群体的读音作一番比较，前两种读音转引于原文的汉语拼音，而现实语言群体的字母读音则来自前文的问卷调查（排除音调差异情形，字母读音相同的只取其一，仍用国际音标标注），因字母词是由单个的字母组合而成的，并且大多数采用字母分读的形式，因此，完全可作为对比材料。鉴于汉语拼音读音与英语字母读音基本一致的字母争议较小，下面只着重考察那些读音不一致的字母，如表2-4所示。

表2-4 字母词读音对比表

序号	字母	京音	汉语注音	调查读音1	调查读音2	调查读音3	例词
1	C	[sēi]	[sei（xi）]	[s/ɕi:]			CT
2	F	[àif]	[aifu]	[ef]	[efə]	[efu]	UFO
3	G	[jī]	[zhei]	[dʒi:]		[tɕi]	GRE
4	H	[àich]	[aichi]	[etʃ]	[eitʃə]	[eitʃɪ]	HSK
5	J	[zhèi]	[zhai]	[dʒei]	[tsei]	[tʂei]	DJ
6	L	[àilou]	[ailo]	[el]		[elə]	LD
7	M	[àim]	[aimu]	[em]			MTV
8	Q	[kiù]	[kiu]	[k'ju:]	[k'iu]		阿Q
9	S	[àis]	[aisi]	[es]		[esɿ]	SOS
10	U	[yōu]	[you]	[ju:]	[iəu]		UFO
11	V	[wēi]	[vei]	[vi:]	[wei:]	[wi:]	VCD
12	W	[dʌbliu]		[dʌb/plju:]	[dʌb/pəliu]		WTO
13	X	[àiks]	[aikesi]	[eks]	[es]	[ekes]	X光
14	Z	[zèi]	[zei]				

表2-4所列的14个字母中，字母Z因无例词而没有调查读音。将其余13个字母的调查读音与京音、汉语注音进行仔细比较，即可发现：

其一，京音和汉语注音的作者着力用汉语语音来描写这些英文字母的实际读音，但拟音标准并不同一，表现于汉语注音末尾均附加了元音，京音则不一定，然而多标了音调①。因此，这两套字母读音存在着一定的差异，发音完全一致的字母很少，有些字母的读音甚至交错。比如，京音和汉语注音均有［zhei］，但在京音中是字母"J"的读音，而在汉语注音中则是字母"G"的注音。

其二，无论是京音还是汉语注音，大部分字母的读音均超出了普通话语音系统，甚至有的字母的读音因难以在汉语音系中找到一个较为适当的语音对应形式而无法对其进行拟音。如"W"这一字母，京音中勉强注为［dábliu］，与英语字母本音非常相似，完全突破了汉语的音节结构体系；而在汉语注音中作者没有为这一字母拟音，只好空缺。

其三，在所建议的京音和汉语注音中，只有"G""J""Q""U""V"这几个字母的音与调查读音中的某些音相同或相近，其他均未被大众所运用。如"F""L""X"，在调查中没有一人说［aifu］［ailou］［aikesi］的，而且那几个为大众所用的建议读音都与英语字母实际读音很接近。

因此，京音和汉语注音作为较有代表性的字母词汉语读音形式，最终未能根据同一客观的拟音标准建立较为一致的读音模式，并且大部分拟音因突破了汉语的语音系统而不是规范的汉语语音，同时，又改变了原有的英文字母标准音，因而处于两难的境地。可见，欲以汉语语音建构一套规范的英文字母读音难度颇大，主要是缺乏客观的注音标准，难以达到准确与统一。贾宝书先生也已认识到这一点，除了"W"无注音这一明证外，其在文章中指出这种注音只是近似西文字母的实际读音，并且也只是大多数字母可以尝试用汉语拼音注音，而不是全部字母。既然语言群体乐于采用英语字母读音，

---

① 本书称此种情形为音调，以区别于声调。

用汉语为其注音又存在诸多问题，那么，以汉语拼音读字母词的可行性也就值得商榷。

（四）字母词读音的确立

字母词是现代汉语词汇系统中较为特殊的新成员，其运用群体也具有一定的倾向性。因而，综合前文中字母词现实读音的调查分析及其汉语读音的可行性论证，本书认为应以英文字母本音即标准音作为字母词中字母的规范读音，理由如下：

1．贯彻动态的规范观

字母词是全部或部分以外文字母（主要是英文字母）为表现形式的新生词，而外文字母与汉字是两套完全不同的书写符号体系，各有其系统的语音描写形式，所以大多数外文字母难以用较为准确的汉语语音来拼读。因此，目前通行于汉语词汇中的字母词宜顺应大众的取向采用英文字母的读音体系，而不应为强调将其纳入汉语语音系统的重要性而急于推行以汉语拼音读外文字母，因为语言的规范永远只能基于语言事实，只能滞后，无法超前。当然，若其词义所指被代之以汉字来表现时，则应取汉字的读音体系。比如在所指同一的一组词"BP机、BB机、寻呼机"中，"BP机"是英语"bell pager"的缩写，因拟其音出现"BB机"，为适应汉字的表意性又产生了全汉字组成的"寻呼机"，前两个词所包含的字母应用英语字母的读音，而"寻呼机"自然应用汉语音节来表达。因此，动态的语言规范观为确立以英文字母本音为字母词的规范读音提供理据之一。

2．遵循语言规范的从众性

语言从来就是属于社会的而非个人的，既然普通大众选择英文字母音而非汉语拼音，那么从语言规范的从众性考虑，亦应以英文字母本音为字母词的规范读音。

3．坚持语音的系统性

不同语言的语音属不同的系统，音位和音位的组合均不相同，而英语和汉语音系的区别主要表现为两方面：一方面，有些英语语音不存在于普通话音系中，其辅音音位在音节中的位置比较灵活，而且可以组成复辅音；另一方面，在普通话音节中绝大多数辅音音位只能出现在音节开头，没有复辅音，且有一定的声韵拼合规律。这就说明了为什么有些英文字母如"X""W"难以在汉语语音中找到较为准确的对应音来表达，原因即在于它们属不同的语音体系，因而难以根据汉语音系来确定字母词的读音标准。

4．维护语音的纯正性

无论是英语语音还是汉语语音，其系统之内都是纯正的本音。如果把两种语音混合在一起，必然破坏其语音的纯正性。比如，所谓的"洋泾浜"英语，即是夹杂了汉语语音的不标准的英语发音。因此，在确立字母词的规范读音时，如果放弃英语字母本音，而在模拟其本音的基础上用汉语音来读，必将导致与京音和汉语注音同样的结局——既未能确立字母词的汉语规范读音，又失去了纯正标准的英文字母本音。况且，我们探讨语音规范的目的之一即是维护其纯正标准的语音，让其更好地发挥语言的交际职能，而不是人为地拟构一套语音，强制人们接受。可见，从语音的纯正性着眼，也宜将字母词中的字母成分读作英文字母本音。

因此，基于语言的事实和原则，应当确立以标准英文字母音为字母词的规范读音。无疑，当前还未能达到人人都说标准的英文字母本音的程度，但作为规范的读音必须拔高要求，规范和标准当然不等同于普及。正如汉语的标准音是普通话语音系统，但并非所有说汉语的人都能说标准的普通话，大部分中国人说的普通话因受方言语音等因素的影响而与标准音略有差异，甚至有些方言区的人很难发出某些普通话语音。那么，我们能因此而否定汉语标准音，放弃推广普通话吗？非但不能，且更应明确标准，否则永远不可能统一和规范。虽说现在不是每个中国人都能说标准的普通话，但不能否认数十年语音规范化工作取得的卓然成绩，中国百姓的普通话标准程度在不断提高，这就是规范的效能。而此种情形并非汉语所独有，在其他语言中也是如此。比如英语，也不是每个以英语为母语的人都能说一口标准地道的英语语音，但其标准依然存在。

从另一角度看，标准也不是绝对的，而是相对的、发展的。当然，相对标准的英语音与模拟英语音的汉语读音又有着本质的不同,前者是在同一音系内的考察,后者是跨音系的考察。因此,在对待字母词读音标准的问题上,我们是否应持同样客观平和的态度?笔者认为,我们不能因为目前达不到每个中国人都说标准的英文字母音(在此,作者认为有必要特别指明是英文字母,而不是英语)而否定其可行性。任何个体均具有学习语言的无限潜能,不能因为我们的母语是汉语而否定学习和运用其他语言的可能性,何况我国一直十分重视英语语言的教学,英语早已成为我国学校教育的必修课。随着英语在中国的普及,国人英文水平不断提高,准确地拼读英文字母并非难以逾越的障碍。

至于少数来源于汉语拼音缩写的字母词,如"HSK",也适宜用英文字母本音来读。因为普通大众只运用语言,并不研究语言,字母又不具有汉字的示意性特征;加上汉语拼音字母也来源于拉丁字母,书写形式上与英文字母没有什么两样,因而不可能要求大众在分辨每个字母的来源之后再决定应该读英语字母音还是汉语拼音。现实中,不管人们是否知道"HSK"的确切所指,都将其看成英文字母并尽力读作英文字母本音。既然如此,没有必要为少数的这类字母词另立一套汉语拼音读音。此外,还有个别来源于希腊字母,如"α粒子",我们更不可能要求人人懂希腊字母读音,也很难用汉语音节来表示,那么采用英文的读音是最简便的方法,一些英汉词典亦专门附有这些字母的注音。

明确了字母的读音体系之后,具体字母词的读音就有了依据。根据上文所言,不管来源于英文字母、汉语拼音字母或希腊字母,大多数字母词可按照英文的读法逐个拼读,即一个一个字母分读。如:

【IQ】:[ai kju:] intelligence quotient的首字母缩写。指智力商数。

【KTV】:[kei ti: vi:] K指卡拉OK,TV是英语television的缩写。指一种高级娱乐包房。

【ACCA】:[ei ci: ci: ei] Association of Certified and Corporate Accountants的字母缩写。指注册会计师协会。

【RMB】:[a:r em bi:] "人民币"汉语拼音的首字母缩写。

少数含有元音字母的字母词可连读。如：

【CD-ROM】：［ciːdiːːrəu］ compact-disc read-only memory的首字母缩写，即致密盘只读存储器。

【SOHU】：［səu hu］ 搜狐网。一个类似YAHOO的中文网站提供商。

【UNESCO】：［juːneskəu］ 联合国教科文组织。United Nations Educational Scientific and Cultural Organization的首字母缩写。

有些字母词由独立的英文词语和其他字母或汉字组成，这个英文词语仍读原词音，其他字母读单个字母音。如：

【A-Life】：［ei laif］ artificial life的首字母缩写。指信息科学和生命科学相互渗透的新学科——人工生命科学。

【E-learning】：［iː ləːniŋ］ 网络教育。

【VISA卡】：［viːza kǎ］ 威世信用卡、威士卡。

此外，个别采用某个英文单词形式来表示的字母词，也可用英语单词的拼读方法。如：

【Napster】：［næpstə］ 一种网上下载的软件。

字母词的读音确是较复杂的问题，本节在社会调查的基础上确立字母词的读音体系，再根据普通大众的拼读习惯明确具体字母词的读音，或许未能完美地解决字母词的读音难题，但可以为探讨字母词的读音问题提供一条较现实的途径。

三、字母词的语法特征

字母词作为汉语词汇中特殊的一类词，不仅其音形义表现出了较多的特殊性，而且语法方面亦有一定的个性。以下主要从字母词的构成、词类和语法功能等角度探讨字母词语法方面的特点。

（一）字母词的语素构成

在汉语词汇层面上，词是由语素构成的，语素可分为成词语素和不成词语素。作为现代汉语词汇系统的成员，尽管是较为特殊的成员，字母词亦可划分出词和语素两级语言单位。在现有的字母词中，字母、汉字和数字是组成字母词的三要素，据此可将构成字母词的语素分为三类：字母语素、汉字语素和数字语素。

字母语素是字母词的基本语素，任何类型的字母词必须含有字母语素，否则就不成为字母词。字母语素可分为成词的字母语素和不成词的字母语素。所谓成词的字母语素，本书是指若干字母的组合在理论上能构成一个独立的字母词，并在现实中能够找到用例。一般说来，成词的字母语素有三类，第一类是由原词语的字母缩略成一个字母词，如"CT""DVD""CCTV""XJTV""RMB"。第二类是前文论及的采用某一英文单词形式来指代的字母词，如"Flash""Napster"，但这种成词的字母语素数量极少。第三类是独立的英文单词或字母词不单独成词，只是作为构成字母词的一个成分，也可以看成一类成词的字母语素，如"E-shop""X-CT"中的"shop""CT"。

不成词的字母语素不能独立成词，须与其他字母语素、数字语素、汉字语素或汉语词等组合成词。因此，如果将词中含有连接符"-"或空格的字母词看成由不同成分组成的字母词（如"CD-ROM""WIN X"），而没有这些符号的看成由一个成分组成的字母词（如"DVD""CCTV"），那么，根据以上字母词的语素类型分析，本书考察的1435个字母词的语素构成可归结为如下几类：

1．纯字母语素构成的字母词

除了由上述第一、第二类成词字母语素单独构成的字母词外，纯字母语素构成的字母词还有以下几种组合方式：

（1）两个成词字母语素的组合。如：

【Pocket PC】：微型个人电脑。

【Windows Me】：千禧视窗（windows millennium edition），微软公司最近推出的新视窗。

（2）两个不成词字母语素的组合。如：

【WIN X】：microsoft windows X的简称，DOS计算机的图形用户接口。

【hi-fi】：high fidelity的缩写，即高度原音音响设备。

（3）一个成词字母语素和一个不成词字母语素的组合。如：

【X-CT】：X射线透视计算机体层摄影术（X-ray transmission computed tomography）。

【E-shop】：E是electronic的缩写。指电子商店。

这几类纯字母的组合均可构成具有独立音形义的字母词，是由纯字母语素组成的字母词。

2．字母语素和数字语素的组合

数字是字母词的特殊构词成分，在一般汉语词汇中，数字构成一类词——数词，但在字母词中数字不能独立构成词，只能作为构词语素，本书暂且称之为"数字语素"。有些字母语素可以和数字语素组合成词，如：

【三S】：三位美国友人斯诺（Snow）、斯特朗（Strong）、史沫特莱（Smedley）的代称，因三人的姓都以S开头。

【18K】：18 K（金）。

【WIN 98】：视窗98（windows 98的缩写）。一种计算机操作系统。

这些字母语素一般是不成词的字母语素，在1435个字母词中只有一个"windows 2000"例外，是由成词字母语素和数字构成的。但由字母语素和数字语素构成的字母词数量极少，在1435条中只有14条，只占1%。

3．字母语素和汉字语素或汉语词的组合

如：

【A照】：指所考取的汽车驾驶执照能驾驶所有类别机动车辆的执照类型。

【B细胞】：B淋巴细胞的简称。

【新JT】：我国邮政部门发行的票种标记是J的纪念邮政票以及票种标记为T的特种邮票。

【维生素D】：维生素的一种，是无色无臭的结晶，溶于油脂。

【DISCO舞】：用disco音乐伴奏的节奏快速强烈的劲舞。

【DIY主义】：指崇尚自己动手的做法。

这类组合也是构成字母词的主要方式之一。

4. 字母语素、数字语素和汉字语素或汉语词的组合

如：

【三K党】：ku-klux-klan的首字母加汉字"三"构成。

【三S研究会】：对三S及其作品进行研究的学术组织。

【三A革命】：工厂自动化革命（factory automation）、办公自动革命（office automation）、住宅自动化革命（house automation）的合称。

这类组合结构比较复杂，兼具三种构成成分，并且只有少数是由数字、字母和汉字三种语素构成，大多数是由字母语素、数字语素和汉语词组合而成。前一种情况当然是字母词，因其都由语素构成；后一种情况则可能是字母词，也可能是字母词组。如果数字语素和字母语素已经构成一个独立的字母词，并且这个字母词和在这一字母词基础上附加一个汉语词的双层组合有一定的语义联系，那么这个双层组合则大于词的结构，是字母词组；若不具备这些条件，则是一个词，不是词组。因汉语词本身已是一个词，再和一个成词的成分组合，就构成了大于词的结构。所以，上例中的"三K党"是字母词，而"三S研究会""三A革命"则是字母词组。理由如上述，"党"是一个汉字语素，"三A"和"三S"已各自构成一个字母词，并且"三A革命"和"三S研究会"是在"三A"和"三S"语义上的扩展，因此，"三S研究会""三A革命"是字母词组。

可见，字母语素的构词能力很强，可仅凭字母构成词，也可与汉字或数字构成词。有的在已有字母词的基础上创造出一系列新语，如有了IT这个词，继而产生了一个IT词群："IT界、IT企业、IT人才、IT市场、IT头、IT业、IT咨询、IT资本……"；有的根据已通行字母词的内部结构再造新词，如"CEO"（首席执行官）已是大众较熟悉的字母词，然后人们仿造"CEO"的字母组合，造出了下列字母词：

【CBO】：chief business officer的首字母缩写，即首席商务官。

【CFO】：chief finance officer的首字母缩写，即财务总监。

【CGO】：chief government offcer的首字母缩写，指首席政务官。

【CLO】：chief law officer的首字母缩写，即首席律师。

【CQO】：chief qualities officer的首字母缩写，即首席质量官。

……

可以说，字母词强大的构词能力也是字母词在当今大量涌现，具有较强生命力的原因之一。

（二）字母词的语法类别

大多数字母词是原词语的缩略形式，不仅字母采用缩略形式，而且附加的汉语词也常用简称式。因此，有些字母词后附加的汉字在字母词中体现为汉字语素，但其实是一个汉语词的简称，即在原词语中是词。并且，许多字母词的原词语是一个大于词的复杂结构，所以，确定字母词的语法类别须费一番周折，尤其是一些由纯字母语素构成、使用频率又不太高的字母词，仅凭几个字母的组合难以确定其词类。因此，本书主要采用以下几种方法来划分字母词的语法类别，且鉴于有些词的复杂结构，不具体指词或词组，统称为名词性词语或动词性词语：

（1）部分字母词可参照附加的汉语词的类别来确定词类。一般来说，附加的汉语词属于哪类词，这个字母词也属于哪类词；当然这种方法限于附有汉字的字母词语。如"PC股票""维生素C""pH值""股票""维生素"显然是名词，而"值"在这里是"数值"义的简称，也是名词，"PC""pH"是名词性词语前的修饰限制成分，"维生素C"中的"C"则是指明其类别，因而这些词的整个结构仍然是名词性词语。同理，"X形腿""S类语言""三S研究会""P型半导体"也是名词性词语。再如：

【考G】：考GRE。

"考"是指考试，是动词，而"G"指"GRE"这一种考试，是动作的对象，因而"考G"属于动词性词语。

（2）多数字母词无法只看词形就可断定其词类，必须根据原词语的意义和结构来判断。如果原词语是名词性结构，那么这个字母词是名词类词语；如果原词语是动词性结构，那么这个字母词是动词类词语。如要确定"POPS""FYI"的词类，应根据其原词语的意义和结构进行分析。

【POPS】：流行音乐（会）。

【FYI】：for your information的首字母缩写。指供参考。

从以上的释义可知，"POPS"是名词性词语，而"FYI"是动词性词语。

（3）对于有些凭以上两点仍无法判断语法类别的字母词，应寻找其语料来源，根据具体语境确定该词词性。如：

【FUD】：fear uncertainty doubt的首字母缩写，即害怕、不可靠、怀疑。

【HRD】：human resourse development的首字母缩写。指人力资源开发。

从原词语的内容看似乎是动词性结构，但不能十分肯定，那么就应从语料来源中查证。以下是这两词在实际运用中的例句：

① 这样做的目的，是为了消除消费者购买汽车这类大金额耐用商品所产生的"FUD"心理，使顾客从购买汽车过程中的"学、考、办、开、修"等一系列费心、操心、担心过程中解放出来。（《商业时代》，2000年第12期）

② "HRD"不但成为一个经常性议题，不少国家还设立了"HRD"专门机构，以综合协调有关推动力量。（《中国人力资源》，2000年第1期）

在这两个例句中，"FUD""HRD"用作名词性词语，故应归入名词性词语类。

因此，根据以上三点判断依据，笔者对本文1435个字母词词语进行仔细甄别，发现这些字母词可分为以下四种类别：

第一类，名词性词语。这是字母词最大的类别，在1435个字母词中占了将近1400条。因此，可以说97%的字母词是名词性词语。

第二类，动词性词语。这类词语在字母词中所占的分量极少，在1400多条字母词中只找到几条。除了上例中的"考G""FYI"外，又如：

【OK】：行，可以。

【TBC】：待续（网络用语）。来自英文to be continued的首字母。

第三类，区别性词语。区别词是表示事物属性的词，这类词比动词性词语多一些，主要是一些形容形状、表示型号或属性等方面的词语。如：

【S号】：small的首字母。指小号。

【24K】：24K（金）。

【O型】：以拉丁字母O的形状来形容某些事物的样子。

第四类，特殊词语。这类词语数量不多，也只有几个；但其比较特殊，难以归入具体的哪类词之中。这类词中，有一句话的缩语的，如：

【DWIM】："Do what I mean, not what I say"前四个词的首字母缩写，意指：按我所想，不按我所说去做。

有是副词性短语的缩语的，如：

【ASAP】：as soon as possible的首字母缩写。指愈快愈好。

【JAM】：just a moment的字母缩写。指等一会儿。

而较多的是表示一种单位数量，如：

【TID】：拉丁文ter in die的字母缩写。指每日三次（处方用语）。

【RPM】：revolutions per minute的首字母缩写。指每分钟的转数。

【TPI】：tracks per inch的首字母缩写。指每英寸道数，用以计算磁盘可存放信息的量。

个别词具有兼类现象，如"卡拉OK"主要用为名词，但偶尔用作动词；而"考G""OK"主要用作动词，有时也当名词用。如：

① 这日晚上便到了卡拉OK俱乐部。但卡拉OK之后，还有什么"OK"节目，值得她们半夜不归则不得而知。（《上海小说》，1992年第1期）

② 考G的学生非常多。

③ 海勒又发一声"OK"，谈话就算结束了。

但字母词中的兼类只是极个别现象，所以根据这几个词的常用词性归类，不再单独划分，将"卡拉OK"归入名词类，"考G""OK"归入动词类。

这四种词类基本上反映了当前字母词语法类别的概貌，从中也反映了字母词词类方面的特殊性：其一，字母词中不存在虚词性成分，全都是实词类词语；其二，字母词中绝大部分是名词性词语；其三，许多字母词从原词语上看是动词性的结构,但实际上用作名词性词语,如上例中的"FUD""HRD"。

(三)字母词的句法功能

上文对字母词的词类进行分析,是为了更深入地了解其语法特性,亦是分析其句法功能的依据。因此,下面即根据四类词的语法特征讨论字母词的句法功能。

1. 名词性字母词语的句法功能

从上文分析可知,绝大部分字母词是名词性词语,名词性汉语词语的主要句法功能是在句中充当主语和宾语,也可以作定语。同样,名词性字母词也可以在句子中充当主语、宾语和定语。

例词:

①【pH值】:酸碱度数值。

②【甲B】:足球或篮球联赛的甲级B类队。

③【ICQ】:I seek you 的英文谐音缩写。俗称网络寻呼机。

④【PC机】:个人计算机、个人电脑(personal computer)。

例句:

(1)患者较低的pH值也给医生提供了一个早期诊断哮喘的机会。(《人民政协报·年华周刊》,2001年2月7日)(作主语)

②全国足球甲B联赛昨天下午4时同时打响了第20轮的6轮比赛。(《文汇报》,2000年9月10日)(作定语)

③一些经济实力超强的国有企业和私营企业不惜血本地投入甲A、甲B。(《体育时报》,2000年8月21日)(作宾语)

④ICQ不仅可以帮你在网络上找到朋友,还能使你结识新朋友并保持联络。(《人民日报》,1999年5月27日)(作主语)

名词性字母词除了可以充当主语、宾语和定语外,还可以充当介词的宾语,组成介词语组,如:

⑤在PC机上输入几条简单的命令,就绕过了一般的防火墙,成为入侵

者。(《新民晚报》,2000年11月2日)(作介宾)

2．动词性字母词的语法功能

动词性词语主要作谓语中心。动词性字母词非常少,有时也可以作谓语中心。如:

① 我明年要考G。(作谓语中心)

② 这件事已经OK了。(作谓语中心)

3．区别性字母词语的句法功能

现代汉语区别词主要有两种语法功能,一是能直接修饰名词,多数能带"的"形成"的"字短语;二是不能作谓语,组成的"的"字短语可以作主语、宾语。字母词也具有以上两种语法功能。

一是直接修饰名词,如:

① 海尔国际A级滚筒洗衣机已经提前达到该节水标准,成为我国目前唯一提前达到这一标准的产品。

② 奥斯卡金像其实是一种锡、铜、镍、银合金,表面镀有24K金,本身并不十分贵重,但它是美国电影界人士毕生追求的最高荣誉。(《服务导报》,2001年2月11日)

二是组成"的"字词组作主语或宾语,如:

③ 24K的比18K的贵。(作主语)

④ S号的太小,不合身。(作主语)

可见,由于绝大多数字母词是名词类词语,只有极少数是其他的词类,因此,字母词主要的语法功能是修饰名词,在句子中充当主语、宾语或定语,只有极个别能充当谓语中心。

与现代汉语的一般词汇相比,字母词大量涌现并应用于现代汉语的时间虽不算很长,但在当代汉语中相当活跃。因此,字母词是汉语词汇学研究中一个值得研究的议题。

本书在对字母词进行层级界定并划分出不同通行度字母词的基础上,就词汇的音形义、语法特征及成因等方面作了专题讨论,同时,得出了以下几点认识:

其一，当前出现于汉语中的字母代码数量虽大，但不是所有的字母代码都是字母词，只是其中的一部分成为字母词的正式成员，进入现代汉语词汇系统。另一方面，不同字母词的使用频率也是不同的，有的使用频率高，有的使用频率低，依此可划分出相对高频和相对低频的字母词。

其二，字母词的音形义都有其特殊性。在读音方面，鉴于其特殊性，本书在作充分调查和论证的前提下认为，宜以英文字母读音为字母词的标准读音。在词形方面，最大的特点和优点是采用字母的简称形式，经济简便，使用高效；但同时也带来了一定的缺憾，比如产生了一些同形词和异形词，这就随之出现了如何规范字母词书写形式的问题。在词义方面，由于字母词大多反映专科概念，因而意义比较客观单一。

其三，字母词形义的特性也造就了其语法的个性，字母词的词类较单纯，大部分是名词性词语，在语句中主要充当主语、宾语和定语。

其四，词汇是语言中最活跃的因素，总是随着社会的发展而不断消长变化。汉语字母词既是语言文字自身历时发展的结果，也是社会生活变化的必然反映，最终成为汉语词汇的新成员，对汉语词汇系统产生一定的影响。

随着经济全球化的不断发展，不同语言国家之间的接触也越来越密切，汉语言文字必将受更多外来语言尤其是英语的影响。因而，字母词可能更加广泛地运用于汉语言文字中，在语言交际和信息处理方面发挥更大的作用，这也说明研究字母词具有很大的现实意义。

Chapter III
第三章

新媒体时代的网络词语

第一节 虚拟空间上的"网言网语"

1994年,我国正式接入国际互联网,标志着我国进入了一个崭新的网络时代。据互联网世界统计(IWS)数据显示,目前全球约有54.7亿活跃互联网用户[①],从2000—2022年这22年间的增长率为1416%。据CNNIC第50次《中国互联网络发展状况统计报告》,截至2022年6月,我国网民规模已达10.51亿,网民人均每周上网时长为29.5个小时,依赖手机上网的比例达99.6%,使用台式电脑、笔记本电脑、电视和平板电脑上网的比例分别为33.3%、32.6%、26.7%和27.6%。互联网应用持续发展,其中,短视频增长最为明显,用户人数高达9.62亿,占网民整体的91.5%;即时通信用户规模达10.27亿;网络新闻用户规模达7.88亿;网络直播用户规模达7.16亿[②]。

新媒体的发展也由此揭开序幕。美国哥伦比亚广播电视网技术研究所所长戈尔德·马克在1967年率先提出"新媒体"(new media)这一概念。新媒体只是与旧媒体相对而言。当前,新媒体指的是在报刊、电报、广播、电视等传统媒体之后出现并应用的新的媒体形态。一般来说,新媒体是利用数字、网络、移动技术,通过互联网、无线通信网、卫星等渠道以及电脑、手机、数字电视机等终端,向用户提供信息和娱乐服务的传播形态和媒体形态,也称作数字化媒体。

在网络时代,网民借助BBS、贴吧、QQ、微信、微博等网络社交平台

[①] 参见互联网世界统计(Internet World Stats)发布的有关全球网络用户及网络普及状况的信息,http://www.internetworldstats.com/stats.htm。
[②] 参见《中国互联网络发展状况统计报告》,http://www.cnnic.net.cn/n4/2022/0914/c88-10226.html。

随时随地进行沟通与交流，其语言潜能也得以充分展示，创造出大量生动形象的网络词语，并逐渐渗透到人们的日常生活。新词新语中的网络词语与社会生活互构的情形也引起了学界的广泛关注，不仅语言学者们在研究网络词语，其他领域的学者也从不同的视角探讨网络词语。

简要地说，网络词语是指在网络上出现或跟网络有关的词语[①]。有时，为了更好地推广网络技术或进行网络交际，人们会创制出新词语来指称、命名新事物、新现象或新概念[②]，这样就产生了新的网络词语。其中，既有网民新创造的词语，也有利用汉语固有词进行词义扩展、变化、转换来表义的词语[③]。如："K歌"指唱卡拉OK；"网恋"指通过互联网以网上聊天等方式进行的恋爱；"刷屏"又叫洗屏，广义上指在网上论坛、留言板、BBS以及即时聊天室、网络游戏聊天系统、弹幕视频网站等平台上短时间内发送大量信息，且专指重复发送相同的内容；"猫"是调制解调器、调制解压器的俗称，英文"modem"的谐音，有谐趣意味。

在新媒体语境下，网络词语多来源于时事热点、影视作品、网络游戏、社交平台等媒体上的词语变体。如"用户"指某些设备、商品、服务的使用者或消费者；"弹幕"是在网络上观看视频时弹出的评论性字幕；"开黑"是游戏用语，指玩游戏时可以语音或面对面交流。

就网络词语的性质而言，于根元认为，网络词语是新词新语的组成部分或延伸，是新词新语研究的重要对象[④]。一般来说，一个词语满足以下几个条件便可认为是新词语：新出现、得到人们的普遍认可、被广泛使用、在语言词汇中站稳脚跟[⑤]。

网络词语作为语言的一个子系统，从社会性质看，它是一种虚拟空间的社会方言，或是特定的社区方言[⑥]。网络词语诞生于虚拟的网络，

---

① 惠天罡. 网络词语构词探析[J]. 修辞学习，2006（2）：71-74.
② 戴军明. 网络词语的造词分析[J]. 语言文字应用，2006（S2）：222-224.
③ 张颖炜. 网络语言的词义变异[J]. 语言文字应用，2014（4）：108-115.
④ 于根元. 中国网络语言词典[M]. 北京：中国经济出版社，2001：2.
⑤ 刘叔新. 汉语描写词汇学[M]. 北京：商务印书馆，1990：249.
⑥ 李莉. 网络词语的性质及特点[J]. 语文研究，2005（1）：21-24.

借助虚拟社区的传播机制得以扩散，又因其具有趣味性、娱乐性而被运用于现实生活中，如在BBS论坛及聊天室使用的一些特殊词语"美眉""MM""GG""DD""JJ""私聊""潜水""斑竹""灌水""94""95"。此类网络词语不仅在网上论坛使用，而且被挪用到日常生活中，因此中小学生的作文里出现一些网言网语成为屡见不鲜的事。例如：

昨晚，偶GG带着他滴GF到偶家来7饭，那个MM在吃饭时一直向偶妈妈PMP，那样子真是好BT。（《央视国际》，2006年9月19日）

这句话对于不懂网络词语的人来说真是一头雾水。其实，句中"GG"是"哥哥"的意思，"GF"是"girlfriend"的首字母缩写，"7"是"吃"的数字谐音，"PMP"指"拍马屁"，"BT"指"变态"。这句话的意思就是："昨晚，我哥哥带着他女朋友来我家吃饭，那个女生在吃饭时一直拍我妈妈的马屁，那样子真是很变态"。

此外，网络词语具有时代创新性。网络词语是随着互联网的发展应运而生的，在一定的社会文化语境下孕育而成。早期的网络词语多与计算机相关，如"电子邮件""鼠标""键盘""浏览器""宽带""硬盘""软件""因特网"。技术更迭催生了移动互联网，"QQ""微博""微信"成为新鲜事物。但国内中文论坛的创始者天涯、猫扑等初代BBS或销声匿迹或止步于移动网络时代。2021年猫扑发出公告：正式关闭发帖功能。发展到了数字化社会，"虚拟现实""元宇宙""人工智能""云计算"等科技语被不断创造出来。

从网络词语中也可以窥见社会变迁之轨迹，具有浓厚的时代气息。"微博问政""给力""电子商务""光盘行动""单独二胎""全民健身"等网络词语的涌现折射出社会的发展变化，人们的生活需求逐渐得到满足。"物竞天择，适者生存"，在词汇这一生态系统中也是如此。经受住时间考验的网络词语成为人们日常生活中的流行用语，反之，即在大浪淘沙中被淘汰，这也是网络词语时代性的一个体现。

网络词语还具有跨地域传播的趋向。网络打破了现实物理空间的区隔，为世界各地人们的交流提供了便捷的渠道，网络词语也在"地球村"中及时地传播。就汉语而言，在历史发展过程中出现了不同程度的分化，因而产生了语言的分支——方言。根据教育部2019年《中国语言文字概况》介绍，汉语方言通常分官话方言、晋方言、吴方言、闽方言、客家方言、粤方言、湘方言、赣方言、徽方言、平话土话十大方言，使用人数最多的官话方言有东北官话、北京官话、冀鲁官话、胶辽官话、中原官话、兰银官话、江淮官话、西南官话八种次方言。在互联网时代，因超强的语言流通性，部分方言词也有可能成为网络词语。如"母鸡"源自粤语"唔知"，就是"不知道"的意思；"菜鸟"形容新手或在某方面技能较低的人，最初从我国台湾的闽南话发展而来，"菜鸟"即"菜鸟仔"；"发烧友"一词原是我国香港地区对音乐器材爱好者的称呼，后来逐渐演变成泛指对某些事物具有特别爱好的人群的统称，衍生出诸如"手机发烧友""电脑发烧友""音响发烧友"等词语。再如，东北话中的"忽悠"一词，原指"瞎说、行骗"之意；在2001年春节联欢晚会上，赵本山的小品《卖拐》多次使用该词，随后"忽悠，接着忽悠"传遍大江南北，至今仍被大众使用，成为网络流行语。

第二节 网络词语的表现特征

一、网络词语的分类

网络词语是人们在网络上进行人际交流或信息处理的语言符号，其构成成分较复杂多样，囊括了汉字、字母、数字等不同的形式。根据不同的考察视角，可以分成不同的类型。如根据造词方式的不同，可将其分为文字型、语音型和字母型网络词语[①]；根据语种的不同，可以分为汉语网络词语、英语网络词语、韩语网络词语、日语网络词语等。但这些分类都还只是概括性的，未能将所有具体的表现形式都准确地划归到各个类型中。本书主要从来源和构成方式着眼，将网络词语划分为谐音类、词句缩略类、外来词类、词义变化类、拆合字类、表情符号类。

（一）谐音类

谐音类网络词语指的是用音同或音近字来代替本字而产生的词语，谐音类在网络词语中数量最多，还可细分为数字谐音、外文谐音、汉字谐音。比如，数字谐音词的产生主要源于"0~10"的阿拉伯数字在发音上有不同的寓意："0"代表"圆满""完美""无尽"；"1"代表"唯一""你""起点"；"2"代表"爱""二人世界"；"3"代表"想念""生命""生活"；"4"代表"是的""时时"；"5"

[①] 禹平，张鑫. 文化学视角下的网络词语考察[J]. 学习与探索，2019（6）：169-173.

代表"我""无""勿";"6"代表"顺利""溜达";"7"代表"请""亲""起""气";"8"代表"发""拜拜""不";"9"代表"久""就""求"。谐音类词语一般用于不愿直说的、隐晦的表达,类似"密码语",经过组合之后表达相应的词义。比如:

【098】你走吧。　　　　　　【5376】我生气了。

【1314】一生一世。　　　　　【6788783】老地方不见不散。

【21161】爱你一万年。　　　　【7319】天长地久。

【356】上网啦。　　　　　　【886】拜拜啦。

【4466】顺顺利利。　　　　　【9494】就是就是。

外文谐音词即指音译而成的汉语词。英语是世界上使用最广泛的语言,伴随我国改革开放的深入,英语在我国社会日益普及,英语词不断融入汉语交际中,来自英语谐音的网络词语数量也很大。如"伊妹儿"即"E-mail"(电子邮箱)的谐音,"蛋饺肉丝"即"dangerous"的谐音,"闹太套"即"not at all"的谐音,"嗨皮"即"happy";还出现了英汉组合如"duck不必""book思议""深藏blue""tony带水""贪生pass"。

随着国际交往的密切,现代日韩文化传入我国,日语和韩语受到年轻群体的青睐,网络词语中的音译词也更加多样化。如:

【欧巴】韩语오빠(oppa),"哥哥"的意思,一般用来表达亲近或暧昧的情绪。

【赛高】日语さいこう(saikō),意为"最高、最好"。

【搜嘎】日语そうか,(sōka),意为"原来如此"。

汉语由声母和韵母组合可以构成400多个基本音节,日常运用的音节有1300个左右。用1300多个音节表示汉语数万个语素的语音,客观上使同音语素或音近语素的词的数量相当可观,如"康康"即"看看","神马"即"什么","童鞋"即"同学"。

此外,谐音类词语还包括来自方言的谐音词和因输入错误造成的谐音词。方言谐音词,如"蓝瘦香菇",原是想表达"难受想哭"之意,因带上广西口音被音译成该词;河南方言的"有木有",被用来表示"有没有"。

语音变化是复杂多样的,"港台腔"的大众化是最为明显且持久的音变现象。如"造"是台湾方言"知道"的音变形式,"酱紫"由"这样子"的读音演绎而成。在网络词语中,由键盘输入而创制的谐音词也不在少数,主要是网民为方便输入或表达需要选用读音相同或相近的词来代替,这其实在一定程度上也造成了语言使用不规范的情况。如将"压力"写作"鸭梨","有才华"写作"油菜花","微博"写作"围脖"。

(二)词句缩略类

词句缩略类主要指将词语或短句以缩略的形式呈现。主要有两种缩略方式,一是缩写字母,二是提取关键词。字母缩写包括汉语拼音字母缩写、英文字母缩写及数字与字母混合三种。其中,英文字母缩略式较为常见,单词、短语、句子都可以缩略。比如,"BF"指"boy friend","PK"是"player killing"的缩写,"BBL"表示"be back later","LOL"是"laughing out loud"(哈哈大笑),"CUL"表示"see you later","VR"是"virtual reality"(虚拟现实技术)的缩写。汉语拼音缩写式通常选取汉语拼音的首声母缩略成一个字母词,如"RMB"指"人民币","XDJM"指"兄弟姐妹","ZQSG"指"真情实感"。数字字母混合式,如"B2B"即"business to business","3Q"即"thank you","Y2K"即"year 2 kilo"(千禧年)。关键词提取是指从某一事件提取关键信息或从某些语句中提取关键词从而组成一个网络词语,有时混合着谐音缩略,形式上更加灵活自由。比如,"躺枪"指"躺着也中枪","网购"指"网上购物","累觉不爱"指"很累,感觉自己不会再爱了","喜大普奔"指"喜闻乐见、大快人心、普天同庆、奔走相告"之意。

(三)外来词类

外来词也叫借词,外来词类是指来自外语并经过汉化的网络词语。有的取某一英语单词的意义,但用汉字来表达,如冲浪(surf)、下载(download)、链接(link)、拷贝(copy)、烘陪鸡(homepage)、漏洞（bug）、在线（online）、信息技术（IT）、自媒体（we media）、附件（attachment）、收藏夹（favorite）；有的根据英语发音和词义合成，如因特网（internet）、秀（show）、黑客（hacker）、爱豆（idol）、雅虎（yahoo）。在汉语词汇系统中，来自英语的外来词是对汉语的有力补充，而这类词在互联网上也非常活跃，是网络词语的重要成员。

（四）词义变化类

词义变化类是旧词引申出新意而产生的网络词语。如：

（1）"充电"，原意是把直流电源接到蓄电池的两极上，使蓄电池获得放电能力，现在引申为"学习"这种实践行为。

（2）"奇葩"，原意是指珍奇的花朵，用来比喻卓尔不凡的作品，但在网络上现常用于形容离经叛道的行为，带有贬义。

（3）"特困生"，本意指家庭特别贫困的学生，现网络上指"第一节课就特别困的学生"。

（4）"翻车"，原意是车辆翻覆，比喻事情中途受挫或失败；而网络词语"翻车"却是由"老司机"衍生而来，表示被坑了、被骗了，或者是指有意外、意想不到的事情发生，比如"明星带货翻车""造型翻车""老坛酸菜翻车"。

（5）"菜单"，本指餐馆提供的菜品清单，引申为计算机屏幕或图形输入板上显示的所有程序功能的清单，可供使用者根据不同的需要选择功能。

（6）"笔记本"，指用来记录的本子，现也称小型便携式电脑为笔记本电脑。

此类词语，还有"病毒""平台""流量""锦鲤""吃瓜"等。

（五）拆合字类

拆字就是将合体字拆开来说，这是一种传统的语言文字游戏。汉字的各个部件都可以按上下、左右等进行拆分，成为网络词语的一类，如"弓虽"

（强）、"犬犬犬风"（飙）。有不少语气词被拆开使用，如"口黑"表示"嘿"，"口可"是"呵"，"口合"是"哈"，"口区"指"呕"。同理，合字就是将汉字组合在一起，起强调的作用。如"覅"表示"不要"；"槑"，读音同"梅"，在网络上形容人很傻很天真；"壕"现在同"土豪"；"昚"，读音同"眘"，在网络上用于表示比"巨大"更强烈的语气；"又双叒叕"，读音"yòu shuāng ruò zhuó"，四个汉字拆开就是10个"又"字，表示事情一而再、再而三地发生，比喻次数过于密集和频繁，如"广州又双叒叕要下雨了""又双叒叕输了几场比赛"。

（六）表情符号类

表情符号类是一种特殊的网络用语。网络表情符号可以表现人物的面部表情、姿态或观点，具有直观性、生动性和趣味性的特点。下面列举的是由字符符号组成的表情。

【:-)】普通笑脸。

【:-D】大写的英文字母D，表示张大的笑口。

【:-O】表示惊讶、吃惊。

【$_$】表示见钱眼开。

【@_@】表示困惑。

【(T_T)】表示哭泣，T表示泪痕。

【>3<】表示亲亲。

【b(￣▽￣)d】表示竖起大拇指。

【╮(￣▽￣)╭】表示两手一摊。

网络表情符号是网络社交中对圈外人设定的门槛，只有理解了表情符号的意义，才能在圈内生产、传播和使用不同的网络表情符号，进而建立和强化群体的归属感。诸如此类的表情符号所传达的含意往往超过语言文字，既丰富了网民的表达手段，又促进了网络亚文化的兴盛。

二、网络词语的构词特点

从前述可见,网络词语的构词方式是丰富多样的,各种语言文字和非语言文字符号都可用来构成一个网络词。网络词语的构形还表现出以下一些特征或倾向。

(一)构词较灵活自由

在语言中,语素是最小的有意义的单位,汉语的语素绝大部分是单音节的,也有一些是多音节的。网络词语的构词成分较灵活多样,无论是成词语素还是非成词语素,常可以和其他语言成分组合成词。如"哒"属于语气词,在网络词语中被用于表示肯定的语气,可以和其他词语组合成新的表达式。如"好哒""萌萌哒""么么哒""暖暖哒""呵呵哒","哒"替换了"的",在交流中让人觉得更加亲切诙谐,便于拉近双方的距离。

词素是构词的要素,是比词低一级的语言单位。已经参与构词并且具有一定稳定性的词素是"显词素",按照构词规则能够组合成词但还没有显现出来的构词要素是"潜词素"[①]。字母、数字、汉字都有可能是潜词素,纯字母的组合如"GG""MM""DD""JJ",汉字与字母的组合如"X/Y/Z世代",字母与数字的组合如"2G""3G""4G""5G"。单个的字母、数字是一个符号,当它们相互组合后就有可能表义更加明确,从而组合成词,用这种方式构成的网络词语数量较大。可见,网络词语构词自由灵活,可以构成数量庞大的词群。

(二)类词缀特征明显

词缀也是词素的一种,词缀包括前缀、中缀和后缀。类词缀的概念最早由吕叔湘先生提出,他认为,类词缀就是指介于词根和地道的语缀(词

---

① 惠天罡. 网络词语构词探析[J]. 修辞学习,2006(2):71-74.

缀）之间的语素①。汉语词汇中较常见的类词缀有"品"（商品、产品、用品）、"性"（药性、酸性、良性、理性、创造性）、"化"（美化、绿化、深化、现代化、虚拟化）、"式"（老式、新式、模式）、"感"（道德感、幸福感、责任感、使命感）、"界"（新闻界、政界、商界）、"后"（后工业、后现代、后真相）等。能产性、定位性、意义虚化与否、成词与否是衡量和判断类词缀的4个标准②。网络词语的产生和流行，丰富了现代汉语的类词缀，类词缀的使用也提升了造词的灵活性。

网络上根据类词缀创造的词语大多具有范畴性，多指某一类事件、现象、群体，如"微××""××帝""××热""××族""××奴""××咖""××控""××媛""××系""××精"。以"××媛"为例，此词本指姿态美好的女子，但在媒介消费主义文化影响下，"媛"成了矫揉造作甚至低俗浮华的代名词，成为网络流量密码，社交媒体平台上出现各种"媛"：如生病住院却画着精致妆容并拍照上传的女性被称为"病媛"，摆拍吃素、礼佛、抄心经的女性被称为"佛媛"，穿着紧身衣看似玩飞盘运动、实则走过场拍照的女性被称为"飞盘媛"，穿着短裙丝袜送外卖以搏取眼球的女性被称为"外卖媛"。类词缀参与构词时常暗含隐喻，层出不穷的"××媛"实则是对某类社会现象的嘲讽。"微×"词族的形成以"微博"为原型词，如在微博平台上的"微电影""微视频"，后衍生出"微小说""微商""微漫画""微阅读"等，昭示着社会进入以短小精炼为特征的微传播时代。

（三）双音节词较多

受现代汉语构词规律的影响，汉字类网络词语呈现明显双音化的趋向③。根据对《现代汉语频率词典》的统计，使用频率最高的前9000个

---

① 吕叔湘. 汉语语法分析问题 [M]. 北京：商务印书馆，1979：40-41.
② 曾立英，白雪. 汉语类词缀的偏误分析与词汇评价——对《汉语国际教育用音节汉字词汇等级划分》的类词缀考察 [J]. 民族教育研究，2018，29（2）：139-144.
③ 刘艳茹. 汉字类网络词语的构造规律 [J]. 深圳大学学报（人文社会科学版），2012，29（2）：139-143.

词中，双音节词为6285个，占比大约为70%[①]。二字词如"上线""下载""登录""网购""跟帖"；新兴的四字格词语如"人艰不拆"（出自歌曲《说谎》，原歌词"人生已经如此艰难，有些事情就不要拆穿"，后被网友用来回帖，意思是"楼主说出了一个事情的真相，但是让人一时无法面对"）、"细思恐极"（指事后仔细思考，觉得极其恐怖）、"不明觉厉"（指虽然不明白他人在说什么，但觉得那人好像很厉害的样子，出自周星驰电影《食神》中的台词，用于表达对技术型高手的崇拜，后多用于吐槽他人说话过于深奥、不知所云）、"男默女泪"（字面意思为男生看了会沉默、女生看了会流泪，多用于文章标题）、"火钳刘明"（是"火前留名"的谐音词，指在作品火之前留下名字），这些四字格网络词语充分利用汉语声调的特点，平仄交替，抑扬顿挫，让人印象深刻。但其实从严格意义上来说，这些词只有"典"而无"故"，与传统意义上的成语有区别，是一种新的构词方式。

（四）构词多用色彩义

汉语词语的意义包括三个部分：词汇意义、语法意义和色彩意义。词的色彩义是词语的概念意义之外因具体的使用语境而产生的意义，常表现为词义内容中某种独特的情调、倾向、韵味、氛围、气息等，是客观存在的感性属性和主观态度、感受及词的使用域、来源、制造方式等诸多方面的概括反映[②]。色彩意义包含多个方面，有感情色彩、时代色彩、外来色彩、民族色彩、地方色彩等。如在感情色彩方面，因为人类情感丰富且细腻，故感情色彩也有诸多表现，有褒义、贬义、喜悦、崇拜、欣赏、尴尬、厌倦、娱乐、焦虑、痛苦、悲凉等不同的倾向。以"狗"字为例，在中国自农耕文明时期起"狗"就大多作为负面形象出现，如"狗仗人势""狗眼看人低""狗嘴里吐不出象牙"，常用来表示凶恶、卑贱、奴性的特点。在网络兴起之初，

---

① 邵敬敏. 现代汉语通论［M］. 上海：上海教育出版社，2001：115.
② 杨振兰. 色彩意义与语境的关系［J］. 世界汉语教学，2000（2）：37-42.

"狗"也常被用作辱骂他人的词,如"狗崽子""疯狗""双标狗"。随着人们观念的改变,"狗是人类最忠诚的朋友"得到社会广泛认同,狗的形象得以改变,"狗"一词的情感色彩发生变化,由贬义逐渐淡化成中性,出现了诸如"单身狗""科研狗""高三狗"等自嘲性的词语。同样,"黑客"最初为褒义词,指擅长电脑技术的人,随着互联网的发展,网络安全问题频发,该词的色彩义发生了改变,现用来指代采用非法手段侵入计算机网络的人,带有贬义色彩。网络词语"点赞"来自网络平台"赞"这一功能区,最初指点"赞"这一动作,后用于表示对那些自己认同、喜欢的事或行为表示赞赏,如"为交通卡口的'守门员'点赞""助力行业发展,为践行'四力'的好记者点赞"。色彩义参与构词为汉语词汇的扩展提供了更广阔的空间。

(五)词语构成趋向简约

社会交往是人类生活的重要需求之一,人们上网主要是为了信息分享,偏向于平实口语化的表达,而且进入网络时代,快节奏的生活也要求人们用简洁的语言进行交流。因此,网络词语在构词上呈现出简约化的特点,这种精简的网络词语也符合使用语言的经济性原则。语言使用中的经济原则,是指在表达的信息内容不受影响的情况下减缩文本,以减少传者和受者在编码、解码时花费的时间和精力,从而使言语交际更加快捷流畅[1]。当一个语义有多种表达形式时,会形成一种隐性竞争关系,最终会通过优胜劣汰的方式以实现语言系统的精简。网络词语也充分利用了语言文字的经济性原则,用最简便的方式表达丰富的情感和内涵。不过,网络词语的简约性需建立在交流的双方或多方具有共通的文化背景上,否则,这种过于简洁的语言反而成为沟通的障碍,变成只"简"而不"明"。

除了以上构词方面的特点,网络语言还表现出表意形象化的倾向,这主要是因为网民常常联系具体的事物进行表情达意。如"青蛙"指丑男,"恐

---

[1] 占彬. 从语用学的角度看言语交际中的语言经济性[J]. 中南民族大学学报(人文社会科学版),2007(S1):136-137.

龙"指丑女,"姑狗"指谷歌搜索引擎,"驴友"指一起旅游的人,能让人产生一定的形象联想。除了使用汉字,网民还使用了其他的符号进行交流,如数字符号、字母符号、表情符号。表情符号即通过数字、标点、特殊符号等组合而成的仿拟人的面部表情的一类符号,属于网络中的"象形文字",如常用":"代表眼睛,")"代表微笑,"-"代表鼻子。

网络交流因为这些语言符号的运用增添了娱乐性、趣味性,符合年轻人追求个性和言语表达生动、活泼的需求。可见,媒介延伸产生感知,感知生产环境,任何技术变化都必定生成新的环境①。互联网技术为网民提供了空前丰富的娱乐方式,促进了网络文化的勃兴。网络词语不仅是一种文字符号,也是一种文化现象,是大众文化的组成部分,自然也呈现出娱乐化的特征。根据第50次《中国互联网络发展状况统计报告》,39岁以下的青年群体是网民的主力军,他们的上网诉求多为休闲娱乐,因而玩笑戏谑是网络交流中常见的方式。

而且,网络词语是伴随网络的出现而兴起的,且主要在网络上使用,所以也表现出时代性的特点。据国家语言资源监测与研究中心发布的《2011年中国语言生活状况报告》,当年新增词语594条,但从2006—2010年产生的2977条新词,仅有40%得以留存②,其余的很快从人们的口中、键盘下消失,成为隐退词。如"顶""菌男霉女""斑竹"等曾经风靡于BBS时代论坛上的网络词语,现在已不再流行,被新的一批网络词语所取代。互联网技术不断更新迭代,新的媒介形态不断产生,催生了一批又一批的网络词语。如2020年度媒介高频用词"方舱医院""密接者""白衣战士""分餐制""复产率"等,记录了真实的社会生活。但大部分网络词语都是昙花一现,只有部分稳固下来进入现代汉语词汇系统。正如索绪尔所言,语言只有达到社会全体"约定俗成"的程度之后才能固定下来。

---

① 麦克卢汉. 谷登堡星汉璀璨[M]. 杨晨光,译. 北京:北京理工大学出版社,2014:57.
② 参见中华人民共和国教育部网站,http://www.moe.gov.cn/s78/A19/A19_ztzl/baogao/。

第三节 网络词语的社会文化意蕴

人类社会正处于一个联接的文化生态中，并且因使用数字技术而产生的联接权力和权利正成为重要的社会资源[1]。所以，我们在探讨新媒体时代的文化时，不能忽视技术的视角，人类文化是人与技术、媒介不间断互动的结果[2]。

基于计算机技术而搭建的网络已成为人际交流的平台，中国全功能接入国际互联网已快30年。1993—2000年，在基础设施建设方面，我国创建了国家顶级域名运行管理体系，开始提供.CN域名注册和解析服务，这一阶段网易、搜狐、新浪三大门户网站相继成立。2000—2005年，中国互联网信息服务业体系逐步确立，互联网企业迅速崛起，以搜索引擎、电子商务、即时通信、社交网络等服务为主要业务，网络接入、网络营销、电子商务、网络游戏等主要领域的商业模式初步形成。2005—2013年，宽带网络建设成为国家战略，网络零售与社交网络服务成为产业发展亮点，移动互联网的兴起标志着互联网发展进入新阶段。2014年至今，我国在网络技术、移动芯片、智能终端、云计算、大数据、卫星导航等多个领域实现重大突破，形成先进自主的互联网技术产业体系[3]。

在中国，社交网络兴起于20世纪90年代。早期的社交平台具有BBS（电

---

[1] VAN DIJCK J. The culture of connectivity: a critical history of social media [M]. Oxford: Oxford University Press, 2013: 17.
[2] 林文刚. 媒介环境学——思想沿革与多维视野 [M]. 何道宽，译. 北京：北京大学出版社，2007：35.
[3] 参见中共中央网络安全和信息化委员会办公室《中国互联网20年发展报告》。

子公告板）的性质，代表性的有天涯、猫扑、水木清华等社区。2009年微博出现，开始进入微信息传播时代。2011年微信诞生，到目前微信已有12.8亿用户。而B站、抖音则开启短视频社交时代，以"流量"为竞争核心。当前，互联网正开发"元宇宙"领域的新社交模式，如虚拟社交、3D社交，以迎合网民中青年群体的喜好。而网络词语便是在这些平台中创造、传播的一类词语，已成为互联网文化的一部分，在网络词语的使用中也反映了多元的社会文化心理。

一、对社会理想的想象

社会理想是人们对自身与社会美好前景的展望与构想，它以对社会现实的不满足和否定性评价为前提，包含着对发展中的未来需要的积极预测，以解释社会生活、指导和规范人们的实际活动为主要内涵[①]。理想孕育于现实，当代人追求理想的道路体现了时代潮流的要求和社会发展的阶段性特征[②]，而这一过程在不同时代的网络词语中也尽数呈现。

当代中国的社会理想是建设富强、民主、文明、和谐、美丽的现代化国家，这一理想的画卷正被大众所谱写。网络虚拟环境是被数字化技术形塑的世界，数字技术使人获得一种前所未有的生存体验，让人们体验到"远程办公""远程医疗""远程购物""远程控制""远程教育"等线上生活。随着现代社会环保理念的传播，"垃圾分类""绿色低碳""节能减排""碳中和""绿色复苏"等词语在大众生活和媒体中高频出现，反映了大众对社会环境保护的热切心愿。网络文化兼收并蓄，更加多元开放，从早期的"BBS文化""club文化"到"圈层文化""二次元文化""网红文化"等，网络文明得到进一步规范。此外，优秀传统文化如"唐宫夜宴""洛神水赋""只此青绿""国家宝藏"等频频出圈。在科技层面，如"AI""区

---

① 叶泽雄. 社会理想论［M］. 武汉：武汉大学出版社，1998：11.
② 杨守建. 改革开放与青年理想［J］. 中国青年研究，2008（12）：1.

块链""北斗卫星""5G""物联网""元宇宙"等词展现了社会大众对未来科技生活的美好愿景。在社会道德层面,"最美"一词成为典型,如2012年"最美妈妈"吴菊萍徒手接住坠楼女童,随后"最美"体被广泛使用,一些媒体推出了"寻找最美乡村教师""寻找最美警察"等大型主题活动,宣扬真善美的社会价值观。

个人理想与社会理想是相辅相成的。进入21世纪,社会上涌现了适应现代化发展的不同类型的人才,如"创造型人才"(指品质优秀、才智突出、意志坚强、富有创新精神、具备创造能力的人才)、"T型人才"(指横向上有广博的知识,纵向上对某一专业有深入研究的新型专业人才)、"H阶层"(具有hard、high-education、happy、hope特点的人群)。社会理想的实现正是个人理想不断践行的结果。随着学习型社会的持续推进,大众不断给自己"充电","get"新技能,期待生活中的"小确幸",追求"诗和远方"。如"斜杠青年"指的是拥有多重职业和身份,过着多元生活的人群;"新知青年"指对世界保持好奇心、独立思考的人群,他们对未知的工作、生活不断探索,不断提升自己,为理想而奋斗;"踬踏青年"指毕业后留在一、二线城市奋斗的群体,以"90后"为主,虽然工作难免加班,但他们心中依然充满正能量,相信努力付出一定会有美好的未来;"中年少女"指中年女性群体在生活的繁累中,依旧保持爱美的秉性,保持积极、阳光、乐观、向上的心态;"后浪"指的是晚辈、新人,多指"90后"和"00后",他们被寄予承担社会责任和历史使命的厚望,被认为是新的"希望一代"。

但不可忽视的是,由于现代社会竞争激烈,一部分人产生了焦虑的心理。这种心理慢慢影响人们的行为与价值观,有人将这种现象称为"慢性无趣",用来描述人在经历了时代转换后人生观和价值观处于"在无聊和痛苦中来回摆动"的状态①。由此产生了一系列网络词语,如"光想青年",指想干点什么却只停留于遐想状态的人;"小镇做题家"指出生于小城镇,

---

① 沙莲香. 社会心理学 [M]. 4版. 北京:中国人民大学出版社, 2015: 114-117.

擅长应试，但缺乏社会资源的群体；"佛系生活"指在快节奏的生活中保持平和、淡然的生活方式；"积极废人"指那些喜欢给自己设立目标，但永远做不到的人。从这些网络词语中，我们可以看出，有些人将这些标签作为自我的价值定位，受困于"一边奋斗一边消解、一边励志一边逃避"的矛盾心理。网民们在自嘲、调侃的网络文化中消解现实的焦虑，在高压的生活与工作状态下营造着"精神乌托邦"，化焦虑为在现实生活中奋斗的动力。

二、追新求异的心理

互联网每时每刻都在孕育着新的词语，网络词语的"新陈代谢"反映了社会变迁中出现的新事物、新现象。网络新词语的产生和流行通常源于喜欢追新求异的语言使用者。在自由度更高的网络虚拟空间，网民求新、求异、求美的心理得到尽情的展现（《人民日报》，2008年10月14日），他们以使用新潮、前卫的网络词语为时尚，以此达到标新立异、张扬个性的目的。

汉语在发展过程中形成了一套严格的语法体系和书写规范，这也是我们在遣词造句、言语交流中所要遵循的规则，具有相当的权威性。但是，网络词语在文字上突破了原有书写符号的规则，创制了新的形音义结合体，有字母词、数字符号、图形符号等，字母词如"B4"（before）、"AI"（爱）、"FYI"（for your information的缩写）；数字符号如"7456"（气死我了）、"678"（对方计算机没有响应）、"8147"（不要生气）、"94"（就是）、"5555"（呜呜呜呜）、"2333"（哈哈哈）；图形符号如"^_~""×_×""（＞○＜）"。词汇上的突破主要表现为对已有词语的变形使用和新词新语的创造，这既契合了网民在语言使用方面追求创新的心理，也彰显了他们的能动性和创造性。例如，网民包容、接受外来文化，创造了"萝莉""卖萌""伪娘""宅男""宅女""暴走""达人"等词。网民还着眼于自身的日常生活状态，创造了矛盾式的词语表达，如"鼹鼠生活"（电子时代的生活方式，指迷恋网络的人或者利用网络在家办公的人能足不出户地像鼹鼠一样生活）、"朋克养生"（指当代青年一边"自我折腾"一边"自救"的生活方式,展现其特立独行的个性)、"热心社恐"(指不善于社交,却又向往社交的人)、"精致穷"(一般指虽然赚得不多,但不会因此放弃追求精致的生活,愿意为了自己所向往的生活和喜欢的东西而消费的生活态度)、"自救式消费"(指年轻人在忙碌的工作生活之余每天买点东西奖励自己,进行自我慰藉的行为)。

网络词语的表现形式有别于传统词语,网络词语的创造与使用也是对传统认知的一种消解,为原本枯燥的日常语言注入新的活力,符合大众的求异心理。求异心理是人类特有的一种心理状态,指的是在面对束缚、常规和一成不变的情况时,内心会无意识地形成抗争性力量;从深层次而言,是个体自我意识的觉醒。比如网民们把公共聊天室或聊天大厅称为"大房子",把"大骗子"写作"大片子",把网上聊天称为"江湖人生",用"键盘伙伴"代指网友。网民们用叠音词进行交流也是一种标新立异的表现,如"东西"称作"东东","漂亮"用"漂漂"代替,"聪明"称作"聪聪"。他们还热衷于改造成语来创造新词,如"晋善晋美"(尽善尽美)、"十动然拒"(指十分感动,然后拒绝了当事人)。但商业广告为吸引消费者对词语进行篡改,以致造成语言混乱的情况也应引起重视,如"快治人口"(脍炙人口)、"百衣百顺"(百依百顺)、"默默无蚊"(默默无闻)等。网友们这种无视书写规范和语法规则的行为在某种意义上来说是在解构权威,体现了追求新潮、前卫、个性,拒绝一成不变的心理倾向。

三、大众的娱乐精神

在信息化时代,网民的娱乐诉求更加凸显。网络词语娱乐化的特点正说明这一价值取向,如同史蒂芬森所言,"有一部分传播本身没有信息传播的特征,传播活动本身就是目的,因为它能够带给我们快乐"[①],如自带

---

① STEPHENSON W. The play theory of mass communication [M]. New Brunswick, New Jersey:The University of Chicago Press, 1967:3-90.

诙谐性质的方言词语"肿么了"（怎么了）、"伐开心"（不开心）、"矮油"（哎呦）、"猴赛雷"（好厉害）、"筒子们"（同志们）、"菇凉"（姑娘）、"宣你"（喜欢你）、"捉急"（着急）等。互联网上的"全民吐槽"之风孕育了充满趣味性的吐槽文化，即用诙谐、调侃的方式表达对人或事的评价，如用"醉了"表示对人或事物难以交流、无法理解；用"九漏鱼"（全称"九年义务教育的漏网之鱼"）指没有完成小学和初中九年义务教育的人，该词被年轻人广泛使用于自嘲场合，澎湃新闻曾在国际扫盲日发布《你是否是"九漏鱼"》呼吁年轻人不要提笔忘字。影音游戏平台是娱乐性网络词语的主要发源地，许多词语被广泛传播，如"泥巴"（英文游戏MUD）、"王者农药"（王者荣耀）、"吃鸡"（和平精英）、"老六"（游戏中的自由人或技术水平低的玩家）、"拉仇恨"（指在游戏中吸引怪物的攻击）、"满血复活"［指玩家角色的生命值（红）、魔法值（蓝）都会默认恢复到最大限度］等。社群内的聊天用词也带有幽默感，如"飞鸟"（经验丰富的网民）、"炸坛"（BBS上的激烈讨论）、"扩列"（请求扩充好友列表）、"退群"（本指退出社交软件的群聊组，现在一般用于形容不合群而被大家劝退的情况）、"瑞思拜"（英文 respect 的音译，表示尊重）。

此外，伴随互联网的发展而出现的事物也常被网友用充满情趣的词语来指称，如"网络吸血鬼"（一种专门用于下载文件的软件）、"网络骑士"（提供网上导航帮助的人性化搜索引擎）、"吵闹型网站"（指内容空洞乏味，多是炒作性新闻、类似小报消息的网站）、"技术牛仔"（在计算机、网络行业中有较高技术水平，但在思想行为方面我行我素的一类人）、"屁兔"（英特尔公司的奔腾第二代个人计算机中央处理器Pentium Ⅱ，奔腾2的谐音）、"特洛伊木马"（病毒名，英文是Trojan）、"鼠标加水泥"（指将现代互联网资源与传统资源相结合）。

这些经过谐趣包装的网络词语更能引起网民的注意，通过网友之间的相互调侃、造梗、融梗，实现全网传播。网民们借助虚拟空间参与信息时代的语言游戏，他们"成为感觉的追求者和搜集者，不断接受新的感觉，贪婪地追求比以前更加强烈和深刻的崭新体验"①。

四、家国情怀的宣扬

家国情怀是历史与现实交织的产物,其在延续历史的基础上被赋予了新的时代意义。社会的发展离不开文化的传承,但文化的传承不是简单的物质载体间的纵向交接,而是意义的传递。克利福德·格尔茨曾说过:"文化是一种通过符号在历史上代代相传的意义模式,它将传承的观念表现于象征形式之中;通过文化的符号体系,人与人之间得以相互沟通,绵延传续,并发展出对人生的认知和生命的态度。"②中华文化的传承也是基于对民族文化符号的理解,以及对由符号"编织的意义之网"的解码。人们在使用文化符号进行社会互动的过程中,一方面通过理解文化符号背后的意义形成对文化的认同;另一方面联系时代背景解构与重构文化符号原本的"意义之网",形成新的情感倾向与价值观念。

语言是文化的载体,语言也是传承文化的工具。近些年,家国意识也明显地体现于一些网络词语中,如"一带一路""中国梦""人类命运共同体""中国机遇""APEC蓝""两个一百年""中国故事"等网络词语被广泛传播,反映了家国情怀在新时代的传扬。此外,"add oil"(加油)、"taikonaut"(太空人)、"gaotie"(高铁)、"geilivable"(给力)、"hexieshehui"(和谐社会)、"keep pace with the times"(与时俱进)、"Huawei"(华为)等词在海外引起关注,英语中的汉语借词不仅表现了外国人眼中的中国形象,也更新了他们对中国的认知。

家国情怀源于文化传统,也具有现实动因。文化与社会环境决定人的心理内容和组织,心理是文化和社会环境的反映③。无论对个人、家庭,还

---

① 鲍曼. 个体化社会 [M]. 范祥涛,译. 上海:上海三联书店,2002:297.
② GEERTZ C. The interpretation of cultures : selected essays [M]. New York : Basic Books, Inc., 1973:89.
③ 朱新秤. 进化心理学文化心理观评析 [J]. 学术研究,2009(5):38-44.

是对民族、国家的情感都源于社会现实的触动。当前，中国综合国力和国际地位不断提升也是激发民众家国情怀的因素之一。自改革开放以来，中国一直处于相对和平的环境，经济快速发展，社会取得长足进步，对西方的盲目崇拜逐渐破除，民众更加自信。中国近年来的科技成就也令世人瞩目。已成为世界研发大国，超级计算机三年蝉联世界第一，发射了全球首颗量子科学实验卫星，建造了世界最大的单口径射电望远镜。科技成果被迅速运用于民生领域，高铁网络覆盖全国，高铁技术走向世界，迎来了高铁技术的"中国标准"时代。互联网移动支付、共享服务等惠及百姓，社会共享科技发展成果。自古以来，中国人注重将个人前途与国家、民族命运紧密相连，"苟利社稷，生死以之"，这是国人对国家情感的真实体现。

网民们用"中国红"来称赞祖国大地上发生的奇迹，如2022年北京冬奥会上，当国旗飘扬、国歌唱响在奥林匹克体育馆时，那一抹"中国红"惊艳世界；用"东风快递"（指中国东风系列弹道导弹）赞叹国防科技力量的雄厚。网民还通过参与具体活动来展现爱国情感，如在2021年7月1日建党百年大会上，共青团和少先队的集体献词——"强国有我"成为媒介热词，展现了青年一代远大的理想抱负、深厚的家国情怀。再如，2019年"饭圈女孩"守护"阿中哥哥"一事，追星的青年们将中国作为"爱豆"，以打榜的方式为祖国应援，得到了主流媒体的肯定，这也是一次基于国家认同和爱国情感的仪式狂欢。《人民日报》和腾讯网合作推出的手机游戏《家国梦》成为网友们喜爱的"爆款"，"手游"也成为网民表达爱国之情的新阵地。近年来，"小粉红"成为网络爱国青年的代名词，青年一代以特有的方式把集体荣誉同个体生活紧密联系在一起，通过使用网络词语加深个体的爱国情感，成为线上线下、网内网外弘扬正能量的新生力量。

Chapter IV
第四章

网络语言暴力

大众媒介语言研究

1969年，因特网的前身ARPAnet开始投入使用，很大程度上解决了异种计算机网络互联的技术难题，成为现代互联网诞生的标志。之后，局域网和广域网迅速发展，ARPAnet不再仅用于军事领域，至1990年NSFnet完全取代了ARPAnet，自此互联网面向全社会开放，各商业机构纷至沓来，不断丰富互联网内容。我国于1986年开始互联网技术研究，1994年开通互联网全功能服务，互联网技术不断提高。时至今日，互联网已经成为人们日常生活不可或缺的一部分，全球互联网用户数高达几十亿。据公开数据显示，截至2016年第一季度，微博月活跃用户数达2.61亿；即时通信软件QQ月活跃用户数达8.77亿；异军突起的微信月活跃用户达7.62亿，微信公众号已超千万。而到了2022年6月，微博的月活跃用户数达5.82亿，QQ移动终端月活跃用户数达5.69亿，微信及WeChat月活跃用户达12.99亿。

互联网技术的发展带来了传播技术的革命，也使人们的思维方式、价值取向发生了深刻的改变。网络为人们提供了发表言论的自由阵地，使得原本属于精英阶层的话语权下移至大众阶层。作为网民表达个人情感的工具，网络语言通常具有随意性、多元化的特点，带有个性化、去中心化的色彩。但网民在享受网络自由、制造并传播网络语言的同时，谩骂、诋毁等不文明现象也随之出现，这就是我们常说的网络语言暴力。

大约从2006年的"高跟鞋虐猫事件""铜须门"事件开始，网络语言暴力不断升级，新的网络群氓时代自此开启。当前，网络语言更新换代迅速，新词不断涌现，且衍生能力强。除了将生活中的暴力词语延伸至网络外，网民还生造了许多新的网络暴力词语，很多词语需要结合互联网语境才能被理解，如"极品"。此外，不少网络暴力词语还从线上传播到线下，倒注入传统媒体；比如一些报刊竟堂而皇之地将粗俗的网络词语置于标题，对社会文化带来负面的影响。近年来，我国网络暴力事件不断，造成的社会影响不容小觑。在这种背景下，研究网络语言暴力的传播特点，探讨网络语言暴力的稀释策略显得尤为重要。

网络暴力语言和网络语言暴力是密不可分的两个方面，是一体两面的东西，难分彼此——前者是从语言的视角看，后者是从行为的角度分析。但这种暴力是源于语言的，是通过言语施行的暴力，无"暴力语言"就无所谓"语言暴力"。因此，本书在讨论时将这两个方面融合在一起。

克里斯·辛哈（Chris Sinha）认为以下几种情况可以称为网络暴力语言：cyberbullying（网络欺凌）、lucitement to violence（暴力煽动）、mockery（嘲讽）、insult（侮辱）、social exclusion（社会排斥）、swear / obscenity（咒骂/猥亵）、taboo derogatory（冒犯他人的禁忌）、bad language（不良话语）、foul language（粗话）、dirty words（脏话）、euphemism（委婉语）、profane（亵渎）、impolite language（不礼貌话语）、slanguage of sex（性诽谤）。

网络语言暴力或网络暴力语言是一个国际性的问题，国外不少学者进行了相关的研究。国外的研究主要体现在以下两个方面：

一是关于网络语言暴力的影响分析。有的基于人口统计学特征分析网民的个体差异与接收、传播网络语言暴力信息之间的关系，即调查因性别结构、年龄结构、职业类型、收入状况、知识水平等的不同，网民在接收网络语言暴力信息方面所存在的差异；也有的建立在议程设置基础上研究网民对不同议题的体验程度，考察是否越间接的经验，网民受媒体的影响越大，如*Cyberbullying: a new kind of peer bullying through online technology and its relationship with aggression and social anxiety*（《网络欺凌——通过在线技术进行的新型同伴欺凌及其与攻击性和社会焦虑的关系》）[①]、*Cyberbullying and other risks of internet communication focused on university students*（《以大学生为中心的网络欺凌及其他网络交际风险》）[②]。

二是关于网络语言暴力的应对策略研究。主要从法律、管理、教育等层面探讨防控网络语言暴力的举措，这方面的研究已产生了较显著的社会

---

① İÇELLİOĞLU S, ÖZDEN M S. Cyberbullying: a new kind of peer bullying through online technology and its relationship with aggression and social anxiety [J]. Procedia-social and behavioral sciences, 2014 (116): 4241-4245.
② KOPACKÝ K. Cyberbullying and other risks of internet communication focused on university students [J]. Procedia-social and behavioral sciences, 2014(112): 260-269.

影响，催生了一系列的法律法规。如美国出台了《通信规范法》；新加坡实施了《网络管理办法》；韩国的实名制已执行多年，并有相关的《信息通信网法施行正案》。相关文献如 *The nature of cyberbullying, and strategies for prevention*（《网络欺凌的性质与预防策略》）[1]和 *Let's gang up on cyberbullying*（《让我们联合起来打击网络欺凌》）[2]均探讨了解决网络语言暴力的策略。

总体上看，国外的研究多注重实际调查和探讨应对策略，通常以某一人群为调查对象，如学校、社区，在实际调查的基础上进行理性的分析，并针对现实情况提出建设性意见，研究成果更具客观性和实用性，值得我们学习和借鉴。

国内针对网络语言暴力的研究成果不多，主要是一些相关现象的分析，如《大学生网络语言暴力现象透析》[3]《网络语言暴力的传播学分析》[4]，也有的通过对网络热门事件的追溯简要分析网络语言暴力的成因和特征，或讨论网络语言暴力产生的心理机制和应对策略。而究竟何为网络语言暴力，有人将其定义为：由某一网民在网上公布的或由某一信息引发的，众多网民利用网络搜索获取该信息中的当事人的个人信息并公之于众，进而在网上发表大量侮辱、诽谤言辞或不当评论进行攻击，甚至引申到现实生活中，造成当事人隐私权、名誉权严重损害甚至可能导致人身伤害的大规模网络集体侵权行为[5]。也有人认为，网络语言暴力是指发生在网络空间，针对某一事件的相关人员大规模、集中性地发表侮辱、谩骂及其他人身攻击的言论，造成

---

[1] SLONJE R, SMITH P K, FRISÉN A. The nature of cyberbullying, and strategies for prevention [J]. Computers in human behavior, 2013, 29(1): 26-32.
[2] LIEBERMAN H, DINAKAR K, JONES B. Let's gang up on cyberbullying [J]. Computer, 44(9): 93-96.
[3] 程素卿. 大学生网络语言暴力现象透析 [J]. 语文建设, 2012（14）: 15-16.
[4] 戴静静, 王婧. 网络语言暴力的传播学分析 [J]. 青年记者, 2010（24）: 96-97.
[5] 邱业伟, 纪丽娟. 网络语言暴力概念认知及其侵权责任构成要件 [J]. 西南大学学报（社会科学版）, 2013, 39（1）: 38-43, 173-174.

严重危害的行为①。

  本书从语言学和传播学双重视角探讨网络语言暴力问题，选取2006—2022年间流行的网络暴力词语和相关事件进行分析。研究语料主要来源于新浪微博、天涯论坛、猫扑大杂烩、百度贴吧、各大门户网站以及人民网舆情工作室发布的年度《网络低俗语言调查报告》。

---

① 蔡荣."网络语言暴力"入刑正当性及教义学分析［J］.西南政法大学学报，2018，20（2）：63-72.

第一节　网络语言暴力的性质

一、网络语言暴力的界定

《辞海》将暴力定义为："侵犯他人人身、财产等权利的强暴行为；在阶级斗争和政治活动中则指一种具有强制性力量的群体行为。"[1]法国社会学家布迪厄将语言暴力看作是"温和的暴力"或"软性的暴力"（the gentle violence）[2]。挪威学者奥维斯（Olweus）把语言暴力定义为以威胁、恐吓、传播流言、侮辱、起绰号、民族或种族歧视等语言手段侮辱、嘲讽他人的行为[3]。吉益民在《网络变异语言现象的认知研究》一书中指出，语言暴力是用谩骂、诋毁、蔑视、嘲笑等侮辱性和歧视性语言，致使他人在精神上和心理上受到侵犯与损害的行为，属于一种精神伤害[4]。

本书将网络语言暴力定义为在互联网平台上，嘲讽、侮辱、歧视、谩骂、恐吓、诽谤特定对象，致使他人在精神和心理上遭受痛苦或伤害的语言行为。网络语言暴力主要体现为暴力词语的使用，所以本书侧重通过分析网络暴力语言的呈现特点、传播状况等研究网络语言暴力方面的问题。

网络语言暴力是日常语言暴力在互联网上的延伸和变形，是一种特殊的

---

[1]　夏征农，陈至立. 辞海[M]. 上海：上海辞书出版社，2010：86.
[2]　张意. 文化与符号权力——布迪厄的文化社会学导论[M]. 北京：中国社会科学出版社，2005：292.
[3]　OLWEUS D. A profile of bullying at school[J]. Educational leadership，2003，60（6）：12-20.
[4]　吉益民. 网络变异语言现象的认知研究[M]. 南京：南京师范大学出版社，2012：292.

网络语言行为，以网络交际平台为载体，网民以话语霸权对他人进行言语上的攻击和辱骂以获得低级的语言快感，剥夺他人参与平等交流的机会，意图迫使他人接受其言论思想，扼杀他人的话语权，对当事人或组织造成一定的伤害，严重的还可能演变为群体事件。

二、网络语言暴力的表现

（一）网络暴力语言的分类

从不同的视角看，网络暴力语言有不同的划分方式。根据来源划分，网络暴力语言大体可分为两类：一是原生于网络空间，可以称为原生性网络暴力语言；二是来源于现实生活，在网络平台上使用和传播，谓之孳生性网络暴力语言。"恐龙""脑残"等暴力用语原本就诞生于论坛、贴吧等网络平台，是典型的原生性网络暴力语言；"垃圾""窝囊废""败家子"等是现实中暴力语言在网络中的变体，带有互联网的色彩，语义倾向和语言色彩也发生了一定程度的变化，因此也属于原生性暴力语言的范畴；而"泼妇""怨妇""狐狸精""懦夫""冷血动物"等是从现实生活中直接移植到网络平台的，并未加以变形改编，因此属于孳生性暴力语言。

从书写形式来看，网络暴力语言并不全以汉字作为基本形式，除普通汉字词外，还有包含英文字母的字母词和表情符号。一般来说，字母词中绝大部分是外来词，但网络暴力语言中"BT"（变态）、"EX"（恶心）等词是利用汉语拼音简写的原创词语，不属于外来词范畴，可以称之为汉语原生字母词。表情符号在网络语言中也十分常见，通过形象化的表达使受众产生联想，直白贴切地表达个人情感，如网络暴力语言中的"凸（`0´）凸"（竖中指），就是利用符号组合出一个人怒目圆睁、伸出中指的形象，达到侮辱他人的目的。

按照表现形式的不同，网络暴力语言可以划分为显性网络暴力语言和隐形网络暴力语言。显性网络暴力语言是指所用语言指向明确、暴力色彩浓厚、攻击性强，如"砖家""丑人多作怪"；隐性网络暴力语言字面上不一定包含暴力因素，但其内涵或言外之意却带有攻击性或歧视性，不熟悉网络语言的人一般较难察觉，字面上无害，实际上都是对他人的讽刺或侮辱。

（二）网络暴力语言的特点

1. 暗含攻击性和侮辱性

作为暴力的一种，网络语言暴力必然具有攻击性和侮辱性。为了达到暴力效果，暴力语言一般要含有冒犯性或禁忌的字眼，有意造成听者的愤怒或不适。

地域攻击是网络暴力的常见形式，指"不同地域的网民由于其所居住地区的负面影响而招致其他地域网民的语言攻击，或者是因为自己的'狭隘地区感情'而主动攻击其他地区，进而升华到攻击那个地区所有的人，最终导致不同地区间相互攻击的行为"[①]。网络一方面打破了时空限制，使身处各地的人们联系更加紧密；另一方面又使网民得以更清楚地了解因经济水平、生活方式、文化风俗不同所带来的不同地区人们思维方式的差异。在这种差异性的影响下，不同地域的人在网络上漫骂、诋毁，并衍生出诸多地域攻击的词语，皆具有很强的冒犯性。

性用语是网络暴力语言的重要组成部分，不仅低俗，也具有很强的侮辱性。还有调侃他人生理缺陷、收入水平低的"矮矬穷""土肥圆"等词，对受害方也造成一定程度的心理伤害。此外，用动物来贬称他人在网络语言暴力中也很常见，如"跟风狗""猪队友"。

2. 书写形式趋于简化

于根元在《中国网络语言词典》中提到，大部分"网语"是网民为提高键盘输入速度，对一些汉语、英语词进行改造，对文字、图片、符号等随意链接和镶嵌而产生的[②]。网络聊天的速度优先原则客观上推动了网络用语简单化：网络传播中往往用字简省，只要达到交流目的即可。对于网络暴力语言来说，往往简单明了的表达更容易达到冒犯的效果。

---

① 徐顽强，谭伟. 网络新闻跟帖中地域歧视现象的现实解读与理性反思[J]. 电子商务，2013（9）：9-13.
② 于根元. 中国网络语言词典[M]. 北京：中国经济出版社，2011：5.

为了实现网络暴力语言的简单化，使之达到更好的传播效果，网民一般通过英文替换、简写拼音、缩略短语等方式对语言进行处理。例如，"土肥圆"一词指称那些打扮土气、身材微胖、相貌平平的人，仅以三个字就生动地勾勒出这一形象，对他人有很强的侮辱性；使用"秀下限"一词来表达对那些"炫耀智商、情商不高"的网民的讥讽。还有"no zuo no die"一词，其本身并不符合英文语法规则，只是网友对"不作就不会死"的直译，用来嘲讽一些人没事找事、自讨苦吃，但因为它短小精悍，朗朗上口，而被网友广泛传播，在2014年甚至被编入美国俚语词典。

3．表达口语化

网络交际是网民日常生活交际的延伸，是一种虚拟的社会互动方式，而网络暴力语言作为一种通过文字形式进行口语式沟通的工具，也保留了人际传播口语化的诸多特点。除了对英文或其他符号进行变形外，很多网络暴力语言跟生活中使用的暴力语言并无差别。新出现的网络暴力语言通常也比较随意，不像写文章那样注意语法、逻辑关系，甚至字斟句酌，不少网络暴力语言频繁地运用倒装、省略等形式，只要能表情达意，不讲求语言规范。例如，因为"表"和"不要"发音相似，网络中常将"不要脸"简写为"表脸"。此外，口语中常用的象声词、方言等，也常见于网络暴力语言中。

4．表义隐晦

受网络监管的影响，一些过于粗俗暴力的词语会遭到网络的过滤。在一些特定的情景中，网民为了表达自己的态度和立场，又不便直白透露，便采用变体的方式，用谐音、拼音、形近词等形式来替换原有词语或原有词语中的某个字，使表达隐晦。网络暴力语言的隐晦还表现在这种暴力是一种软暴力。网络暴力语言是一种非身体接触但能对他人心理造成伤害的暴力形式。如"不转不是中国人"，虽没有直接攻击他人，但提出了软性要求，对他人造成了心理压力，这种压力在受到别人关注的情况下尤为明显。

（三）网络语言暴力的意图指向

随着互联网技术的不断发展、社交网络平台的优化升级，信息传播达到前所未有的广度和深度，网络已成为一个虚拟社会。网络社会信息量庞大且更新速度极快，受互联网影响的网民的思想和观念也日新月异。

在互联网平台上，人人都可以畅所欲言。若能合理利用网络作为自己的发声器、传声筒，那么对民众之间的互动交流，以及推动社会民主化进程则裨益良多；但如果滥用话语权，也会对他人和社会造成危害。从2006年"高跟鞋虐猫""铜须门"事件到2015年《爸爸去哪儿》儿童嘉宾被"黑"，再到2022年武汉糖水爷爷走红后遭网暴，无一不是滥用言论自由的结果。网络语言暴力从精神侵害到肉体伤害，从小群体传播到大范围扩散，对当事人造成严重的伤害。随着微博、天涯、猫扑、百度贴吧、微信等各类社交媒体、网络论坛用户的爆发式增长，网络中非理性的声音也日渐增多。当前网络环境中的语言暴力，主要有以下三方面的表现。

1．宣泄个人情绪

通过网络，可以窥见民间的社会情绪。回顾近年来的网络舆情事件，常带有网民的泄愤色彩。部分网民在事件尚无定论、起因还不明晰的情况下，凭借自己的主观臆测在公共空间宣泄不满，谩骂淹没讨论主题，义愤助推流言生成。

明星、官员、医生、专家等群体时常成为网民口诛笔伐的对象，其实其中很多人与大多数网民并无直接的接触。但在互联网匿名ID的掩护下，人人都可以站在道德制高点上进行鞭挞，表达"仇官""仇富"等消极情绪。

2．恶意打击报复

不同于以宣泄情绪为目的的随意谩骂，恶意中伤行为往往不是以舆论事件的爆发为诱因，而是出于对受害人的不满。在此类网络语言暴力中，线下人际关系时常被网民搬上网络平台，生活中的细小冲突在网络中被无限放大。从名人明星到普通百姓，以打击报复为目的的恶意中伤行为表现了语言暴力极大的社会危害性。

利用暴力语言恶意中伤他人，实质上反映了网民参差不齐的道德素养。不少网民仅从个人角度出发进行价值判断，以自我为中心的视角使得网上言论充满偏见色彩，褒扬自己喜欢的，贬低自己看不顺眼的，造成虚假暴力信息泛滥,侵犯当事人的名誉,严重的还会构成诽谤。

3. 粗鄙宣扬个性

所谓个性,是指一个人在思想、性格、品质、意志、情感、态度等方面具有不同于其他人的表现,通过其言谈举止,外人可以窥见其与众不同的特质。现实社会中,有些人将粗鄙低俗的表达视为张扬个性的方式;在网络与现实生活联结之后,这股市侩之风也在互联网上蔓延开来,并不断挑战社会道德底线。

在瞬息万变的社交媒体时代,个性有时的确可提高关注度和点击率。但一些人错将标新立异、哗众取宠当作是个性的表现,偏向于认为措辞平淡便无人回应,使用更新换代的暴力语言则可以彰显独特、叛逆与非主流个性。比如,在网络论坛的回帖中,点赞较多的评论往往是较偏激、非理性的言辞,其实这些评论通常缺少实质性的内容,仅仅是为了在网络社区中表现存在感。

4. 追求娱乐快感

休闲娱乐是人的基本精神需求。随着网络的普及,网上娱乐消遣成为人们日常生活的一部分,甚至是网上活动的主要内容。娱乐新闻、明星消费、网络游戏等都是网民消遣的重要途径,但同时也是网络语言暴力的重灾区。

在娱乐圈,明星作为公众人物,有时不得不让渡一部分人身权利,有些人则借机放大明星的缺点,抓住明星私生活的问题大做文章,进行人身攻击。网络游戏中的语言暴力更为明显:网络游戏有即时通信功能,有些玩家遇到强大对手时常恶语相向,甚至直接辱骂对方。网络游戏中的语言暴力有时也会延伸到现实生活中,便出现了网民"约架"的现象,引发社会治安问题。

第二节　网络语言暴力产生的原因

暴力语言得以在网络上蔓延并发展成网络暴力，是多种因素共同作用的结果。探究网络语言暴力的成因，可以从社会、网民及平台三方面着眼。

一、现实社会的影响

网络虽是利用代码编程创设的虚拟空间，但却无法完全独立于现实世界，与现实社会之间是一种互构的关系。网络语言暴力虽在虚拟世界中传播、衍变，但即便是原生性的网络暴力语言，其产生也是源于现实生活的影响。

（一）现实矛盾在虚拟世界的投射

网络语言暴力是现实社会矛盾在虚拟世界的反映。一方面，在现实生活中，人们要面对各种问题和压力，容易产生焦虑心理；这些心理如果无法得到及时有效的疏导，就容易转化为负面情绪，进而在网络上宣泄。而有些不满的表达含有暴力的倾向，有时虽未对他人造成直接的伤害，但在传播过程中可能导致别人名誉受损。

另一方面，当前我国正处于社会转型期，社会急速发展，利益冲突不断，容易滋生不满情绪，社会负面心态蔓延。这其实是现实社会结构失衡而导致社会心态失衡的表现，本质上是对"劳动创造财富"这一中国社会底层逻辑的质疑，是对"努力成功论"的否定。此外，为了在激烈的市场竞争中获益，一些媒体罔顾新闻事实，刻意制造矛盾对立，也会导致激化人们的不满情绪。

（二）社会心理的制约

社会心理是指在一个特定时期存在于社会民众中的心理状态，是整个社会的情绪基调、共识和价值取向的总和，它也是社会意识的一种形式。这种社会心理机制直接推动社会舆论的形成。舆论是民众的意见表达，但舆论不等同于正确意见，群体的狂热也会导致出现非理性的声音，成为孕育网络语言暴力的温床。

古斯塔夫·勒庞在《乌合之众——大众心理研究》一书中剖析了群体中个人的盲从心理，他指出："群众等同于无意识集体。因为无意识，所以力量强大。"[①] "无意识"是指群体非理性、冲动的行为。勒庞观察到，个体融入群体后就容易被磨灭个性，思想遭群体裹挟，行为倾向情绪化。在群体事件中，个人容易丧失自己的判断能力，产生冲动急躁心理。网络为人们搭建了一个群体集合的虚拟空间，网民因各类话题在不同网络平台上集聚，形成"乌合之众"，网络语言暴力也就在这种背景下形成。

相反，如果个人的意见与多数人相左，就容易遭到他人的攻击和声讨，甚至引发骂战。最终，"沉默的螺旋"在舆论场中发酵，多数人的声音淹没少数人的声音，理性的意见受到抵制和打压。比如，2016年，一则题为"大妈碰瓷玩具车"的新闻引爆各大新闻平台和社交网络，新闻评论基本呈"一边倒"的局面：网友多指责大妈"刁蛮"。评论区有人称在现场确实目击玩具车撞人一幕，但被一些网友嘲讽为"托儿"：玩具车怎么能撞伤大妈呢？此外，一些呼吁静候调查结果的声音也遭到了多数网民的忽视。事后不久，微博平台进行了辟谣，大妈出具了医院检查报告确认骨折，并婉拒了小孩家人额外的赔偿，至此这场论战才得以平息。

（三）社会文化低俗化的反映

个体在社会中生活，行为方式必然要受到社会文化的影响，同时也反映社会文化的倾向。20世纪后半期，伴随大众文化的兴起，精英文化日渐

[①] 勒庞. 乌合之众——大众心理研究[M]. 北京：中央编译出版社，2015：4.

衰落。后现代主义对精英文化的解构及对独特个性的追求在一定程度上也助推了网络语言暴力的频发。在网络特定情景下，一些网民用偏激、粗俗的词语表达个人情绪，实质是对主流文化、精英文化的抗拒，是对情感刺激的追求。大众文化抛弃了精英文化的思辨精神、创新意识，在追求娱乐快感中走向泛娱乐化、低俗化。

（四）意见表达渠道发生改变

德国哲学家尤尔根·哈贝马斯在《公共领域的结构转型》一书中对"公共领域"这一概念作了阐释，指出公共领域是介于国家与社会之间的一个公共空间，进入媒介化社会，大众传媒成为公共领域的一部分[①]。在互联网诞生之前，报纸、杂志、广播、电视等传统媒体承担着媒介公共空间的职能；但在现实中，因传统媒体具有精英化倾向和互动性弱等特点，故而难以成为公众主动参与公共事务和进行自主对话的平台，公众表达意见受到一定的制约。在网络时代，尤其是在新媒体时代，公众获得了充分表达意见的途径，可以自由地在网络中获取信息、参与讨论、表达观点。然而，我们也应看到，网络本身所具有的虚拟性、网民参与的匿名性及身体缺席的特点，也使得网民的"去抑制化效应"现象表现明显，其结果可能导致言语和行为的失范，出现诸如非理性谩骂、人身攻击等语言暴力。

二、网民的个体综合素养

网民的个体综合素养也与网络语言暴力紧密相关，这主要表现在以下几个方面。

---

① HAHERMAS J. The structural transformation of the public sphere[M]. Cambridge，MA：MIT Press，1989：201.

(一)网络用户低龄化

媒介技术的可供性为互联网使用带来了极大的便利,网络接入门槛大大降低,智能手机、平板电脑已成为众多"00后"甚至"10后"触手可及的电子产品。根据中国互联网信息中心(CNNIC)2022年发布的《第50次中国互联网发展状况统计报告》,截至2022年6月,我国网民规模为10.51亿,较2021年12月新增网民1919万,互联网普及率达到74.4%。其中,农村网民为2.93亿,占网民整体的27.9%;城镇网民为7.58亿,占网民整体的72.1%;10~49岁年龄段的网民为主要群体,占总人数的70.1%,50岁及以上网民群体占25.8%。更多的老年人"触网"意味着社会的数字鸿沟缩小。此外,19岁以下网民占比达17.7%,年龄低于10岁的网民超过4414.2万,网络用户继续呈现低龄化的趋势。低龄网民喜欢标新立异,自我意识较强,思维倾向于感性,易受群体情绪的影响,这些年龄特点有时导致他们在网络上发表过激言论。

(二)媒介素养缺乏

移动互联网技术和新媒体的发展使得普通网络用户也能参与网络文化的构建。在这一情形下,如何正确地评估所接收的信息,有效地传递精确的、有价值的信息就显得尤为重要。然而,由于缺乏系统的媒介素养教育,一些网民缺少对信息的判断能力,容易受到"假新闻"的蒙蔽和"意见领袖"的影响,以致发表不当评论,影响整个互联网的生态。在社交媒体时代,网民既是信息的接收者,也是信息内容的生产者和传播者;作为网络信息的传播者,维护清朗的互联网环境不仅是网络平台的职责,也是每个网民应自觉遵守的行为规范。

(三)法律意识淡薄

网民法律意识淡薄体现在不懂法、不用法;具体表现为既不知何为违法,也不知如何维权。一些网民缺少法制观念,加上网络空间的虚拟性,网络成为部分网民的法外之地,随意使用语言暴力。一方面,有些网民利用所谓的"马甲"账号发布不实信息,恶意中伤他人,对他人进行打击报复;另一方面,受害者也因法律意识不强,极少选择通过法律途径以解决问题。网民在遭遇语言暴力之后,常限于在网上展开骂战,或默默承受网络暴力带来的负面影响,对生理、心理造成伤害。

从一些网络语言暴力事件分析可见,有的网民并没有意识到自己的行为违法。而且,在一些热点事件中,由于网民所接触的信息窄化,加上受从众心理影响,容易出现"群体极化"现象。在法不责众的心理驱使下,容易导致事件恶化,造成严重的后果。

(四)社会责任感缺失

在互联网空间,网民之间的交流是虚拟在场,身体始终是隐匿的,彼此间的讨论和交流是基于屏幕上的文字符号而不是真实的个人。身体缺场和隐匿性为身份隐藏提供了可能性,这也容易导致部分人对自身言论缺少责任感,而责任感的匮乏又容易导致恶语中伤、非理性谩骂等行为的发生。

三、网络平台的特性

(一)网络平台的匿名化、虚拟性

美国莱德大学心理学教授舒乐提出"网言无忌"效应(the online disinhibition effect)的概念,即网民在网络上的多数言行在现实世界中是不会出现的,但在虚拟世界,因网络匿名性、隐藏性、权威性弱等特点使得人们肆无忌惮,其后果是恶毒刻薄的暴力语言充斥于网络空间,人性的阴暗面在虚拟平台得到了最大程度的暴露[1]。

在网络世界,网民以匿名的身份发表言论,其行为很难追踪到现实生活

---

[1] 冯向军,竹效民,洛斯布鲁姆. 如何看待"网络喷子现象"[J]. 中国报业,2015,380(19):88-89.

中的个人，这就使得现实生活中的道德规范在网络平台上失去了原本的约束力。加之网络传播的虚拟性，部分网民的法律和道德意识大大降低，造成情绪化表达个人意见的现象增多。

此外，一些社交媒体平台的注册无须通过实名验证，地区、职业、性别等个人信息可自由设定，因此，网民可以抛开现实生活中的身份和人际交往圈，在网络世界中塑造一个虚拟的自己。有些人在发表意见前会注册一个新的账号，这种账号被网民们称为"马甲"。与初始ID相比，马甲ID更具虚拟性和隐蔽性，发布网络暴力语言的概率也往往更高。

（二）网络"把关人"功能弱化

美国传播学家库尔特·卢因在《群体生活的渠道》中提出"把关"（gatekeeping）概念。卢因指出，"信息传播网络中布满了把关人"，"把关人"可以是个人，如记者、编辑，也可以是媒介组织[①]。"把关人"在构建绿色、健康的网络环境中不可或缺，通过筛选、过滤信息，可以大大减少网络语言暴力。

目前网络"把关人"在数量上有所上升，除网络管理员、各网站的专业编辑外，"举报"功能的设置使得人人都有机会参与网络监管。然而，在整体效能上，"把关人"的角色有所弱化。首先，由于网络的去中心化、强互动性特点，传统单向、被动式的线性传播模式被打破，原有的"职业把关人"话语威权大大削弱。随着传播威权从少数精英下沉至普通大众，"把关人"的外延被不断扩大，网络中形形色色的组织和个人都开始承担把关的任务，反而造成一定程度上的秩序混乱，加大了把关的难度。其次，网络信息呈爆炸式增长，要在海量的信息中将网络语言暴力筛选出来难度很大。此外，一些网络语言暴力表达较隐晦，通过谐音、首字母缩写、英文单词、形近字等处理，使"把关人"设置屏蔽关键词的难度大大提高。

---

① LEWIN K. Frontiers in group dynamics Ⅱ: channes of group life, social planning and action research[J]. Human relation, 1947, 1（2）: 143-153.

（三）网络管理法规欠缺

多年前，有媒体发文称，如果没有任何秩序约束，博客圈最终将变成一个令人生厌的场所。网络暴力难以追责，助长了一些人的侥幸心理，网络平台的言论自由遭到滥用。21世纪之初，我国网络法规并未跟上社会发展的步伐，未能形成系统的、专门的网络安全法规，民事、行政、刑事等相关法律法规还不完善。党的十八大之后，社会公众、政府相关部门都认识到网络暴力的现实危害，于2016年颁布了《中华人民共和国网络安全法》。截至目前，已有8部规制网络空间的专门立法，其中包括《中华人民共和国网络安全法》《中华人民共和国数据安全法》《中华人民共和国个人信息保护法》；21部涉及互联网法律规范的相关法律，其中包括《中华人民共和国治安管理处罚法》《中华人民共和国民法典》；从刑事立法层面看，我国已有《中华人民共和国刑法》《全国人民代表大会常务委员会关于维护互联网安全的决定》以及10部相关司法解释[①]。虽然网络空间法制化取得进展，但还未能将网络服务提供者应承担的责任完全厘清，在程序上仍存在一些障碍。

（四）商业利益驱使

在"注意力经济"时代，社会公众的注意力成为稀缺资源。网络平台要盈利，就需要网民的点击率。因此，网络平台在内容生产方面常常设置网民关心的、有争议性的话题，以吸引网民参与讨论，制造舆论热点。如在新浪微博，话题榜实时更新，通过话题效应"一石激起千层浪"。网络平台为了收获流量，或某些团体为了自身利益故意抹黑他人，利用网络推手操控舆论导向，有时一丁点谣言火星即点燃网民情绪，讨论演变成双方的对骂；而骂战越激烈，越能吸引人们参与，以此形成恶性循环。

---

① 敬力嘉，胡隽. 网络暴力法律规制的完善路径［J］. 中国人民公安大学学报（社会科学版），2021，37（5）：142-149.

第三节　网络语言暴力的传播特征

一、网络语言暴力的传播阶段

随着网络文化的勃兴，网络用户呈指数级增长。网络语言暴力的传播常经历萌芽期、爆发期、持续期、衰退期这几个阶段。

网络暴力词语开始多是在论坛、贴吧的网友交流中产生。在传播初期，曝光率不高，使用圈子较小，大多数网民并不了解词语的具体所指，这时属于萌芽酝酿期。

随着网民在网络平台上的互动，暴力词语在互联网上扩散，再经过网民在天涯、贴吧、微博等平台对词语的解读和运用，推动暴力词语进入大众视野，随之进入传播爆发期。这个阶段意味着网民更频繁地使用该词语，通过发帖、写评论等方式继续扩大影响，以致被更多人所熟知和接受。在这传播和使用过程中，网络暴力词语的含义逐渐明晰和稳定，但也有些词语在传播过程中含义被改变，也有的暴力词语的语义色彩由贬义变为中性，用法由攻击他人转为自嘲。

网络暴力词语传播的爆发期和持续期并没有明确的边界，二者可能存在交叉。在传播持续期，词语的出现频率仍比较高，一些暴力词语经由网络发酵流入民间人际传播中。在此阶段，网民还常仿写同类词语，如"矮矬穷"后又衍生出"土肥圆""黑傻呆"。由于网络信息更迭迅速，网络暴力词语的存在周期大都较短，在持续使用一段时期后便淡出网民视野，进入衰退期。

二、网络语言暴力的传播途径

1. 网民制造

网络暴力词语源自草根,是社会负面情绪的一种反映。在网络上,一旦有事件或言论触及部分网民的敏感神经,他们就可能在微博、微信、天涯论坛、百度贴吧等社交媒体平台上表达不满,若普通的言辞无法疏解内心的情绪,就容易使用暴力用语。因此,草根群体既是网络暴力词语的制造者,也是使用者和传播者,他们扎根于网络,言论通常也代表了同类群体的心理。

2. 意见领袖推广

"意见领袖"最早由美国传播学者拉扎斯菲尔德在《人民的选择》中提出,是指那些活跃在人际传播网络中,经常为他人提供信息、观点或建议并对他们施加个人影响的人物[1]。网络中的意见领袖是积极的信息传播者,通过提供观点影响网民,在网络语言暴力传播过程中起着助推器的作用。在喧嚣复杂的网络中,网民数以亿计,网络意见领袖在舆论场中拥有强大的号召力和影响力,其言论常常会左右网民的观点。

微博平台的意见领袖很大一部分是"大V""段子手";比如,"你咋不上天呢"这一表述原本只是微信朋友圈流行的一个段子,后传播至微博平台,受到各人气博主的青睐和转发传播,成为许多人熟知、使用而隐含暴力的言语表达。

3. 网民复制传播

法国社会学家、心理学家加布里尔·塔尔德(Gabriel Tarde)曾说过,模仿是人类生物体征的一部分,是基本的社会现象,一切事物不是发明就是模仿[2]。语言是模因的物化状态,对某类事物,如标语口号、时尚用语,只要有人带头使用,大众就会自觉或不自觉地跟着模仿;而人们一旦将新词引入自己的语言系统并频繁使用,那么这些新的语言模因就会被广泛复制和传

---

[1] 拉扎斯菲尔德,贝雷尔森,高德特. 人民的选择——选民如何在总统选战中做决定[M]. 唐茜,译. 北京:中国人民大学出版社,2012:43-44.
[2] TARDE G. The laws of imitation [M]. New York:Henry Holt and Company,1903:iii.

播，形成"人云亦云"的模因现象①。在网络环境中，网民的言语会对他人产生直接影响，而字里行间所蕴含的价值取向也会间接地影响他人。由于网络暴力语言具有简单化、逻辑性弱等特点，因此可复制性、传播性很强；大部分网民通过模仿和复制网络暴力语言，以达到嘲讽、宣泄情绪的目的。

---

① 曹进. 网络语言传播的"模仿"与"复制"[J]//中国传媒大学. 中国传媒大学第二届全国新闻学与传播学博士生学术研讨会论文集，2008：344-351.

第四节　网络语言暴力的稀释路径

网络虽是虚拟的空间，但并不是可以肆意放纵的天堂，也不应成为网络语言暴力滋生的土壤。稀释网络语言暴力，不应只是政府"唱独角戏"，而是需要各方共同努力，探索建立以立法为保障、以文化建设为主导、以技术手段为支持、以媒介素养教育为基础的综合防治模式，规范网络行为，净化网络环境。

一、法制层面

任何权利的行使，都必须限定在法制的框架内。网络语言暴力实质上是僭越法律底线的行为，但由于目前我国有关法律法规缺乏针对性，网络语言暴力仍未能得到较好的规制。要稀释网络语言暴力，首先必须完善相关立法，做到有法可依，严惩网络暴力行为。

网络暴力语言更新换代快，隐蔽性强，暴力行为较难界定，网络立法难度较大。针对这种情况，可以从网络实名制入手，从发布源头上遏制网络过激行为，也便于事后追责。网络实名制让一些网络暴力施行者意识到语言暴力带来的严重后果，从而更加理性地参与网络交流，不失为减少网络语言暴力的一条有效途径。在一些发达国家，网络实名制和手机用户实名制已经普及。例如，韩国早在2002年就推行了网络实名制，通过第三方网站比较确认用户的户籍纪录，以追究相关行为人的责任。当前我国已经开始逐步实施网络实名制度，例如2012年起新浪微博对新注册用户推行"前台自愿，后台实名"的制度，各大高校BBS论坛也大多通过学号管理实现了有限实名制。

只有推广普及后台实名制度，才能在保护用户隐私的情况下规范用户网络行为，从而起到净化网络环境的作用。

二、技术层面

通过技术手段及时遏制网络暴力的苗头，防止暴力词语大规模传播，是控制网络暴力的另一有效路径。目前，国外多个国家已经试行语言暴力防火墙，且取得了不错的效果。例如，英国政府组织开发绿色软件，过滤拦截黄暴信息，有专家发明软件"火蚁"，用以跟踪定位网络暴力者，拦截海量网络信息中的不良内容，并搜集语料作进一步的分析；法国采取"家长监督器"屏蔽软件保障青少年上网安全，并号召欧盟国家合并拦截软件的语言系统；在美国，Surfcontrol公司推出"网络巡逻"过滤软件。

为遏制网络语言暴力的进一步蔓延，我国也已重视技术防控的作用，让过滤软件成为网络管理人员的"第三只眼"，辅助屏蔽暴力语言。百度贴吧已经启用封禁屏蔽功能，如输入不良信息，页面会出现如下提示："非常感谢，管理员设置了需要对新主题进行审核，现在将转入主题列表，您的帖子通过审核后将被显示出来。为了您的帖子能及时通过审核，请您务必在发帖前阅读本站发帖必读，谢谢合作。"在用户发布不良信息之后系统会进行删帖或封禁账号，这对其他用户起到震慑作用。为保障绿色上网环境，百度贴吧此种模式可以在其他论坛、网站推广，用技术手段防范网络语言暴力的肆虐。

三、社会文化层面

健康的网络文化生态是网络活动有序进行的保证。当前，越来越多的公众积极参与公共事务，以网络平台为依托表达个人意见。在这种情况下，网络监管人和社会管理者应该加强舆论引导，呼吁网民理性发言，倡导网络文明。

宣传教育在提高网民道德素质方面有着至关重要的作用。通过加强社会文明建设，开展行之有效的宣传活动，可以提高网民对语言糟粕的分辨能力和对低俗文化的免疫力。网络文明建设工作的第一步是要建立以家庭、学校为主导的教育系统。此外，推广网络绿色用语也离不开网络媒体的宣传。早在2009年，北京千龙网、新浪网、搜狐网、网易网、TOM网、中华网、百度网、北青网、西祠胡同网等网站就向全国互联网界发出联合倡议："坚决抵制与社会公德和中华民族优秀传统美德相背离的不良信息，自觉抵制网络低俗之风，远离网络语言暴力，净化网络环境。不在网络社区、论坛、聊天室、博客等平台发表、转载违法、庸俗、格调低下的言论、图片、音视频信息，积极营造网络文明新风。"客观上有利于推进网络清朗行动。

四、网民媒介素养层面

1992年美国媒体素养研究中心曾对媒介素养作了如下界定：媒介素养是指在人们面对媒体的各种信息时所表现出的信息选择能力、质疑能力、理解能力、评估能力、创造和生产能力以及思辨的反应能力[①]。在新媒体背景下，网络媒介素养成为媒介素养的一大分支，指网络用户应该具备一定的品质素养、道德规范以及网络信息辨别能力。每个网民都是网络世界中的一份子，有责任、有义务提高自身媒介素养，做一个文明的网民。

首先，在信息生产过程中，网民必须具备信息生产素养。新媒体时代公民的话语权得到极大的提升，因此在发布信息的时候应该有基本的判断能力，能预估到个人言论所造成的社会影响，避免使用侮辱性的网络暴力语言，不传播未经验证、有损他人名誉的信息。其次，在网络环境中，网民也应提高自我保护能力，不泄露隐私信息；在遭受网络暴力攻击时，不以暴制暴，个人权益受到侵犯时采用法律手段积极应对。最后，对不同的看法、观点持包容态度，树立社会责任意识，不把网络当作情绪发泄场，恪守法律底线和道德规范。

---

① HOBBS R. Media literacy, media activism[J]. The journal of media literacy, 1996, 42（3）: 2-4.

… Chapter V

第五章

网络流行语及其传播

大众媒介语言研究

在网络时代，网络词语逐渐嵌入人们的日常生活中，同时形成了在特定时期内非常活跃的、具有发酵功能和特殊意义且往往对社会现实产生影响的一类网络词语，我们称之为网络流行语①。它的衍生和传播体现了网民利用网络平台模因复制网络词语的狂欢过程②。而且，网络流行语经历了从流行语向话语的转向，其话语建构过程是网络流行语从符号替换向符号重构过渡、从边缘文化向主流文化演进的进程③。通常，网络流行语以针砭时弊、宣泄情感和消遣娱乐为主要内容取向，根植于后现代文化语境，带有明显的"无厘头"特征，在对主流文化产生僭越与消融的同时又受到传统媒体的"规训"④。

近十年来，网络流行语经历了由负能量情感宣泄到正能量现实表达的语义变迁、由官方主导转向民间话语权崛起的语体变迁、由网络空间进入现实社会的语境变迁的历程⑤。作为社会大众文化的表征，网络流行语在成为人们自我呈现、情感宣泄、话语抵抗以及实现社会认同的工具的同时，也带来了标签化思维、圈层间沟通壁垒和社会焦虑加剧等隐忧⑥。从社会语言学视角看，网络流行语既是日常生活的交际用语，也是现代社会心理的反映；它的出现既是网络社会发展的必然趋势，也是新媒体时代人们生存状况和思维方式的投射。

---

① 王仕勇. 网络流行语概念及特征辨析［J］. 探索，2014（4）：186-192.
② 杨勇. 网络流行语衍生、传播的理据和方向［J］. 学术界，2016（2）：99-108，327.
③ 严励，邱理. 网络流行语传播机制的逻辑分析及话语转向［J］. 当代传播，2015（1）：41-43.
④ 赵日超，秦启文，梁芷铭. 网络流行语流变规律研究——对2003年至2012年网络流行语的分析［J］. 新闻界，2013（14）：71-75.
⑤ 高菲，崔梦圆. 中国网络流行语十年变迁的启示［J］. 新闻爱好者，2022（4）：60-64.
⑥ 唐铮，丁振球. 认同与宣泄——网络流行语的使用现状与引导建议［J］. 编辑之友，2022（2）：84-90.

第五章 网络流行语及其传播

第一节 21世纪年度十大网络流行语

一、年度十大网络流行语

"年度十大网络流行语"是基于当年大众使用的网络流行语进行数据整合而形成的排行榜，是网络流行语中具有典型意义的词语样本。目前，"年度十大网络流行语"评选与发布的主体主要有官方媒体、学术团体、文化产业机构与门户网站、网络社区等。

自2004年起，各大网络媒体，包括新浪、搜狐、网易、腾讯等门户网站和网络社区相继发布自己的年度网络流行语榜单，采取网民提名、网络投票相结合的选取方式，即由网民"普选"提取年度十大网络流行语。

到2009年，《咬文嚼字》杂志社编写的年度语文档案《咬文嚼字绿皮书》也开始发布"十大流行语"。《咬文嚼字》为全国知名社会语文类刊物，创始于1995年，有着广泛的社会影响。其推选和认定"十大流行语"的标准主要有三条：第一，时尚性，要能够体现每一年度新闻媒体语言和社会交际语言的特点；第二，大众性，至少是经常阅读报刊的人群所熟悉和认可的；第三，具有某种表达效果，或言简意赅，或形象生动，或追新逐异，或凸显语意，或发人深省，或引导联想。根据这些原则，《咬文嚼字》杂志社每年广泛收集社会和网络中使用的高频词语，邀请应用语言学界的专家、学者，共同对这些词语进行评议、甄别、比较，最后认定评选出年度十大流行语。

此外，国家语言资源监测与研究中心亦于2012年开始评选"十大网络用语"。此年度十大网络用语是基于国家语言资源监测语料库（网络媒体部分），采用"以智能信息处理技术为主，以人工后期微调为辅"的方式提取的。监测语料库囊括了来源于网络论坛、网络新闻、博客等代表性媒体的海量年度语言资源,用数据反映年度流行网络用语的使用情况。

本章综合利用《咬文嚼字》杂志社和国家语言资源监测与研究中心评选的年度十大网络流行语的数据进行分析。每个年度选取10个网络流行语,鉴于两个机构的年度十大网络流行语评选结果不完全一致,这里先挑选出同时被两个机构收录的流行语,若不够10个,再从仅被一个机构收录的年度十大网络流行语中增补;对于仅被一个机构收录的十大流行语则通过百度指数进行统计和排序,按指数从高到低排列,如此综合得出历年年度十大网络流行语。表5-1为本书统计的2008—2021年度十大网络流行语。

表5-1 2008—2021年度十大网络流行语词表

年份	流行语	年份	流行语
2008	1.山寨	2009	1.不差钱
	2.雷		2.躲猫猫
	3.囧		3.低碳
	4.和		4.被就业
	5.不抛弃不放弃		5.裸
	6.口红效应		6.纠结
	7.拐点		7.钓鱼
	8.宅男宅女		8.秒杀
	9.不折腾		9.蜗居
	10.非诚勿扰		10.蚁族
2010	1.给力	2011	1.亲
	2.神马都是浮云		2.伤不起
	3.围脖		3.Hold住
	4.围观		4.我反正信了
	5.二代		5.坑爹
	6.拼爹		6.卖萌
	7.控		7.吐槽
	8.帝		8.气场
	9.达人		9.悲催
	10.穿越		10.忐忑

续上表

年份	流行语	年份	流行语
2012	1."中国好声音"体	2013	1.爸爸去哪儿
	2.××Style		2.中国梦
	3.元芳，你怎么看？		3.土豪
	4.舌尖上的中国		4.待我长发及腰
	5.屌丝		5.喜大普奔
	6.最炫民族风		6.高端大气上档次
	7.你幸福吗		7.中国大妈
	8.高富帅		8.大V
	9.正能量		9.奇葩
	10.躺着也中枪		10.女汉子
2014	1.且行且珍惜	2015	1.获得感
	2.保证不打死你		2.主要看气质
	3.时间都去哪了		3.互联网+
	4.挖掘机技术哪家强		4.世界那么大，我想去看看
	5.你懂的		5.网红
	6.失联		6.我想静静
	7.萌萌哒		7.任性
	8.有钱就是任性		8.宝宝
	9.新常态		9.重要的事情说三遍
	10.我也是醉了		10.颜值
2016	1.洪荒之力	2017	1.你有freestyle吗？
	2.吃瓜群众		2.皮皮虾，我们走
	3.老司机带带我		3.不忘初心
	4.小目标		4.怼
	5.友谊的小船说翻就翻		5.尬聊
	6.厉害了我的哥		6.油腻
	7.供给侧		7.扎心了，老铁
	8.葛优躺		8.还有这种操作？
	9.套路		9.砥砺奋进
	10.蓝瘦香菇		10.流量

续上表

年份	流行语	年份	流行语
2018	1.命运共同体	2019	1.文明互鉴
	2.锦鲤		2.区块链
	3.skr		3.硬核
	4.C位		4.雨女无瓜
	5.官宣		5.××千万条，××第一条
	6.确认过眼神		6.柠檬精
	7.燃烧我的卡路里		7.996
	8.佛系		8.我太难/南了
	9.土味情话		9.我不要你觉得，我要我觉得
	10.杠精		10.断舍离
2020	1.人民至上，生命至上	2021	1.百年未有之大变局
	2.逆行者		2.小康
	3.秋天的第一杯奶茶		3.强国有我
	4.后浪		4.双减
	5.夺冠		5.YYDS
	6.直播带货		6.野性消费
	7.奥利给		7.破防
	8.打工人		8.鸡娃
	9.内卷		9.躺平
	10.凡尔赛文学		10.元宇宙

二、网络流行语的分类

2008—2021年的年度十大网络流行语总共有140个，首先使用jieba分词器对此数据进行分词处理。然后将分词后的文本运用BERTopic工具进行聚类分析，即通过算法对分词后的流行语进行分类，从而得到四个不同类别的主题及对应的特征词。最后将主题和特征词进行可视化操作，如图5-1所示。

根据图5-1所示，从主题词的聚类看，2008—2021年度十大网络流行语可分为以下四类："Topic -1"包含"中国""拐点""幸福"等主题特征词，具有较强的时政性，因此可归为时事热点类；"Topic 0"涵盖"伤不

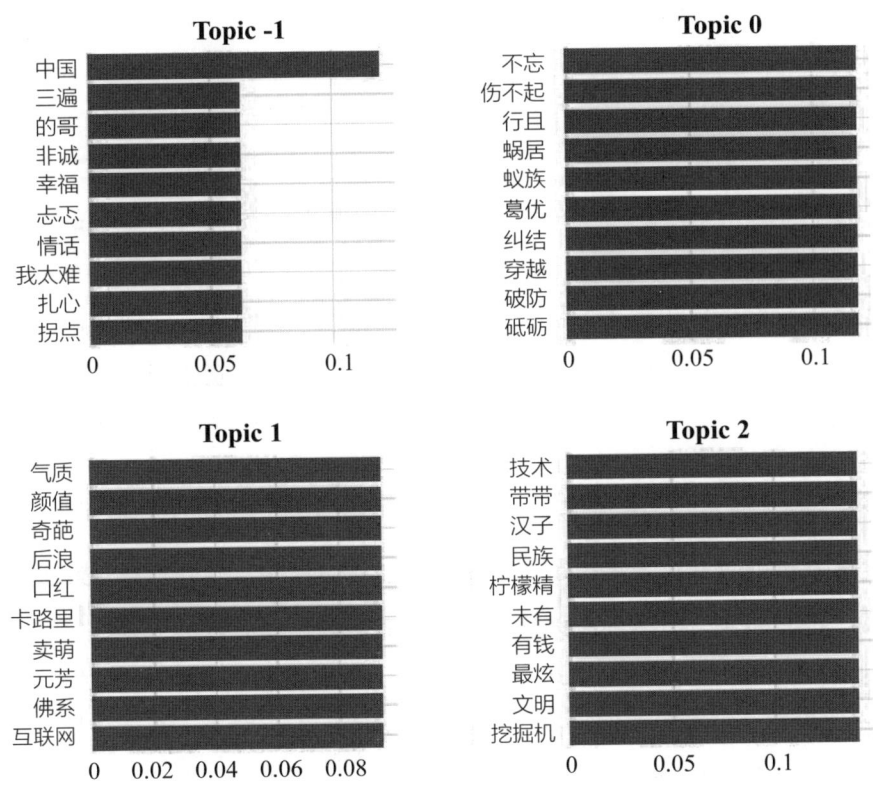

图5-1 2008—2021年度十大网络流行语主题分析

起""蜗居""蚁族""纠结""破防""砥砺"等主题特征词,具有反映社会心态的倾向,因此可归为社会民生类;"Topic 1"包含"颜值""奇葩""后浪""卡路里""卖萌""佛系""互联网"等主题特征词,娱乐性较强,可归入生活娱乐类;而"Topic 2"的主题特征词含有"柠檬精""最炫""有钱""挖掘机"等,具有个性化特征,常用于区分不同群体的特征,因此可归为个性表达类。以下对各个类别进行具体的分析。

1. 时事热点类网络流行语

时事热点类网络流行语是指源于社会热点事件并随着事件的发酵而引起网民广泛关注形成的网络用语;也就是依托于热点事件,实现"病毒式"传播,然后演变为网民普遍接受的网络用语。如"失联"一词源自马来西亚航空公司MH370飞机失事事件，由于该客机与机上乘客全都失去联系，"失联"一词便应运而生，成为家喻户晓的流行语。"世界那么大，我想去看看"源于一封仅有这10个字的辞职信，因而也被网民称为"史上最有情怀的辞职信"，后引起社会的强烈共情而成为当年的网络流行语。有些因某一热点事件而产生的网络流行语，在后续的传播中渐渐脱离了单一的具体事件，成为抽象的符号，代表着某类社会现象，而且生成了一个同类词群。如"被就业"之后，出现了"被代表""被自愿""被开心""被减负""被消费""被相亲""被结婚""被增长""被当选""被加班""被新闻"等；而"裸婚"之后，也出现了"裸官""裸辞""裸退""裸捐""裸考"等词，产生网络流行语词族现象。

2. 社会民生类网络流行语

社会民生类网络流行语主要关注人们的日常生活，与社会民生问题紧密相关。这类网络流行语是最具时代感的舆情文本，其流行虽具有偶然性，但"网络社会与现实社会的相互嵌入和互动"[①]也为其流行提供了可能。正如索绪尔（Ferdinand de Saussure）所言，"不能把语言看作一种简单的、可以由当事人随意改变的规约"，要看到"说话的大众"[②]。可以说，社会民生类网络流行语是社会集体意识与自身独特语义的结合，因此，"民生密码"就藏匿于每年的网络流行语中。比如"蚁族"指代低收入聚居群体，包括城市中拥挤聚居的普通市民、农民工、学校毕业生等。"双减"指要有效"减轻义务教育阶段学生过重作业负担"和"减轻校外培训负担"，教育是极为重要的民生工程，随着政策的出台，人们对"双减"的讨论热度居高不下，反映出人们对社会教育状况的高度关注。

3. 生活娱乐类网络流行语

生活娱乐类网络流行语常源于娱乐新闻、影视剧或综艺节目，娱乐化特征明显。比如演员葛优在情景喜剧中"颓废"的剧照姿势在没有任何宣传、

---

① 陈力丹，史文静. 网络流行语特征透析［J］. 人民论坛，2013（S1）：64-65.
② 索绪尔. 普通语言学教程［M］. 北京：商务印书馆，1980：115-116.

营销的情况下成为"网络爆款","葛优躺"入选《咬文嚼字》2016年度十大网络流行语。凭借明星的知名度,生活娱乐类网络流行语广为流传。又如,"燃烧我的卡路里"源自"火箭少女101"演唱的歌曲《卡路里》中的一句歌词,魔性的歌词和旋律使该曲火遍全网。电影、电视剧或综艺节目中具有独特韵味的词语,或在文本中反复出现含有寓意的词句,往往给网民留下深刻的印象,因此引起网民的热议而挪用为网络流行语。借助网络的时代潮流,诸如"我不要你觉得,我要我觉得""你有free-style吗""元芳,你怎么看"等带有泛娱乐色彩的流行语备受青睐。

4. 个性表达类网络流行语

个性表达类网络流行语往往由网民自创,后被广泛运用于门户网站、社交媒体。这类网络流行语可以视为青年亚文化在语言上的表现,无论是用于自嘲、反讽还是隐喻,都暗含一定的意义,有一定的语义指向。比如"柠檬精",本指从柠檬汁里分离出来的一种含糖化合物,现多用于自嘲式地表达对他人从外貌到内在、从物质生活到情感生活的多重羡慕。青年网民通过"人类的本质是柠檬精"这一表达与其他群体进行区隔,通过趣味性的词语表达观点、疏解压力。又如,用"吃瓜群众"表示排队跟帖,用"凡尔赛"表达对过度炫耀行为的鄙夷,用"萌萌哒"塑造年轻化的形象,用"挖掘机技术哪家强"勾连起对"Z时代"共同的回忆。

三、网络流行语的演变

语言"是一套用于社会交际的代码系统和表达思想的工具系统"[①]。语言在社会生活中是动态存在的,在人际传播中不断变异、推陈出新。网络流行语也在不断变化更新,表现出强烈的时代性。

1. 表现形式的变化

一方面,表现形式从单一到多元。网络流行语其实是网络语言中的高频

---

① 戴昭铭. 文化语言学导论[M]. 北京:语文出版社,2013:174.

用语，早期的表现形式大都比较简约，通常是简单的词，如"雷""囧"；后来形式越来越多样化，不仅有词、短语，还有缩略语、短句等语言形式，如"神马都是浮云""友谊的小船说翻就翻"。另一方面，某一词语流行后，常会衍生出形式相似的系列网络流行语，这类网络流行语的特点，一是有一定的字数，二是有不变的字，三是有固定的格式，四是有固定的意义类型，五是具有能产性[①]。比如"××style"，本源自韩国的一首单曲《江南style》，随后网络上出现各种"××style"，如"高三style""中国style"，其中最有名的当属"航母style"。还有"××千万条，××第一条"，也与此类似，随着使用的泛化，被不断仿拟，"××"失去了原有的语义联系，在传播中产生了大量的模因变体。

2. 内容语义的转向

当前，网络流行语的生产传播模式已由早期的小众网络平台内部的群体传播，经由网络社交平台的群体传播和大众传播的交互传播模式，进入了社交媒体平台的传播模式[②]。社交媒体进一步改变了网络流行语的传播生态，对所承载的内容产生了深刻影响，主要是由负能量情感宣泄转向正能量现实表达。从对一些网络流行语的观察可见，网络流行语所折射的社会心态发生了一定变化：从消极心态向积极心态过渡，从负能量主导转向正能量主导。早期的网络流行语多产生于各类门户网站，缺少多元具身的交流互动，因此存在较多杂乱的情绪宣泄。2012年，"正能量"这一词进入年度十大网络流行语之列。随着主流媒体对"野蛮生长"的网络流行语进行整合收编，弱化其"不满情绪"，对网络流行语的游戏逻辑和传播场景进行改造和转换[③]，网络流行语亦从非理性的批判转为自我情感的消解，进而形成了既委婉又富有内涵的网络流行语。比如，用"锦鲤"寄托着对美好生活的期盼，"洪荒

---

① 宋子然，杨小平．汉语新词新语年编（2009—2010）［M］．成都：巴蜀书社，2011：3．
② 黄碧云．新生代网络流行语的符号学解析［J］．新闻与传播研究，2011（2）：106-108，112．
③ 周俊，王敏．网络流行语传播的微观影响机制研究——基于12例公共事件的清晰集定性比较分析［J］．国际新闻界，2016，38（4）：26-46．

之力"表达过人的能量,"奥利给"这一感叹词表达赞美,"断舍离"体现立足当下,践行新陈代谢式美学思维,"后浪"则是认可、赞美与寄语年轻的一代。

3. 使用语境的转变

网络流行语的语境变化,一方面体现在其依存的空间从网络转向现实,如之前的流行语"帝""控"等仅存在于门户网站和网络社交场域,后来逐渐往现实社会生活转移,形成线上线下同时使用和传播,如"低碳""你幸福吗""互联网+""百年未有之大变局""小康"等。这是因为在网络流行语的早期阶段,它仅存在于虚拟网络中,若脱离网络场域,流行语常常会受到信息的完整性、准确性等因素的制约,而难以成为真正的社会流行语。但随着互联网技术的发展和智能终端的普及,其使用场景已从论坛、微博为主转向主流媒体、社交媒体等各种媒介形式同时传播。

另一方面,是从官方话语到民间话语或从民间语汇到官方语汇的转变,网络流行语呈现出双向流动的趋势,即官方与民间协作式书写网络流行语。比如,"百年未有之大变局"出自党和国家领导人的讲话及政府文件,后在日常工作和生活中被不断使用,再经网络的广泛传播成为网络流行语。而民间语汇到官方语汇的转化主要体现为网络流行语被官方媒体收编,进入官方话语。如"秒杀"来源于日本 *Weekly pro-wrestling* 杂志中的自创词,2000年经一款网络游戏传入中国,意为"瞬间击杀",即以压倒性优势一招致命或在极短时间内打败对手。随着商业性收编,其语义得到泛化,演变为商家为促销组织的网上限时抢购活动,如"网购:别被'秒杀'迷了眼"(《河北日报》,2009年11月20日);"'秒杀'营销是馅饼还是陷阱?"(《中国商报》,2010年5月11日);"万件'数字国宝'秒杀后,只能藏手机里吗?"(《解放日报》,2021年12月22日)。其后渐变成通俗用语,并于2007年8月被教育部列为171个汉语新词之一,如"利率走高 信托产品被'秒杀'"(《第一财经日报》,2013年12月11日);"量子计算机不会'秒杀'经典计算机"(《中国科学报》,2018年4月12日)。经"收编"后的"秒杀"广泛应用于日常生活中。

第二节 网络流行语的生成分析

一、网络流行语产生的社会背景

1. 现实生活的反映

语言是记录现实生活的媒介，网络流行语作为语言词汇系统中的成员，其主要功能也是书写现实世界，反映时代的真实图景。当今社会，经济快速发展，科技日新月异，各种新事物、新观念和新现象不断涌现，在表达缺位的情况下，一些新的词语和表达式就被创制出来，用以满足人们的语言需求。

比如技术的发展给人们的日常生活带来了很大的便利，以至足不出户也能生活自如，因此，出现"宅男宅女"这一网络流行语。如：

元旦来临，因辛苦了一年，不少人选择"宅"在家里迎接2009年来临。用他们的话说，一来可以利用过节好好休息，二来经济形势不好还能少花点钱。目前，国内某招聘网站推出为期两周的"职场人09元旦过节预算"特别调查，对5000多名职场人的调查结果显示，三成多的人打算元旦做"宅男宅女"，约六成人过节基本预算都控制在500元以下。（《新华每日电讯》，2009年1月2日）

随着这一群体愈发庞大，在社会生活经济领域还衍生出"宅经济""宅生活"等词语。如：

正是在这些"宅男宅女"的热捧下，"宅经济"不断升温，一场抢占"宅经济"先机的竞争也由此拉开。经济危机中竟也遍地是黄金。正道是黑夜给了我黑色的眼睛，我用它来寻找商机。（《中华工商时报》，2010年8月27日）

"宅经济"意为居家办公,同时在家中利用网络进行消费,而"宅生活"则指代"能不出门就不出门"的生活方式。尤其新冠病毒疫情发生以来,"宅经济"再一次进入大众视野。诸如"云消费不停歇,'宅经济'还有啥新变'数'"(《新华日报》,2022年3月28日)、"万亿宅经济走红 就业与消费酝酿颠覆式变革"(《第一财经日报》,2022年2月7日)、"'宅经济'崛起 促进有声书行业发展"(《国际出版周报》,2020年5月25日)等报道显示,在"宅经济"的作用下,家开始拥有"多重属性",人们的生活习惯也被重塑了。

而"网红"则是"网络红人"的简称,是指因为某一事件或者某种行为而受网民高度关注或长期持续输出专业知识而走红的人。2015年,《咬文嚼字》评出了十大网络流行语,"网红"位列其中,此后相关报道如雨后春笋般涌现。如《南京日报》(2016年5月24日)提出,"'网红'是正在崛起的新业态",并在报道中指出"网红这个词出现的时间不长,但已经历了数次迭代。业内一般将其分为三个时代……相比前两个时代,3.0时代的网红更具正能量,他们的美貌与才智已经在吸引风投入市,网红市场正成长为新的互联网风口"。伴随着移动互联时代的发展,网民所呈现的多种生活样态、多元价值取向、多维心理需求,是网络流行语赖以衍生的社会语境。

2. 媒介技术赋能

传统媒体时代,大众媒介在社会话语建构中占据着主导地位,信息资源主要经由政府或集团管控的报刊、广播、电视媒介而扩散,传播主体较单一而稳固。普通民众作为传播的客体,在媒介话语中扮演着"沉默的大多数"。但在新媒体时代,媒介技术的进步降低了传播的门槛,互联网的赋权推动了主体的下沉,大众由被动接受者转变为主动传播者。而且,随着后现代主义、新自由主义和消费主义思潮的兴起,以及去中心化的互联网文化的勃兴,个体的传播意识得以强化,通过个性化、平民化的叙事,传播者与受众一起构筑共通的意义空间。在这一空间,主体与客体同处一个文化价值体系,共享一套编码解码系统,并进行平等的对话与交流。因此,在网络世界,网民间的交流更多的是出于草根的诉求,因此更倾向娱乐性、平等性和非主流，这些也是促使网络流行语涌现的一个原因。

对于互联网而言，技术赋能首先体现于"平台赋能"。网络空间存在着多种多样的信息交流平台，这些平台是网络流行语的主要发源地。如2003年创立的百度贴吧，现在已是趣缘群体的聚集地；2009年问世的新浪微博一直都是重要的社交平台；天涯论坛、搜狐论坛、新浪论坛等内容生产和信息分享社交平台，因其开放、包容的特性而独树一帜。诸如"亲""帝""控""喜大普奔""吃瓜群众""神马都是浮云"等网络流行语皆出自于这些交流平台。随着移动互联网的发展，以即时通信和娱乐为主的App受到欢迎，如微信平台、短视频平台、游戏平台，这些平台聚集了大量的网民，也是网络流行语传播的主要阵地。"奥利给""我太难了""柠檬精""还有这种操作？""皮皮虾，我们走"等流行语皆来自此类平台。

在互联网虚拟空间，人们可以通过即时、平等、双向的信息交流实现资源的共享，在四通八达的网络场域，每个人都成为信息的生产者和传播者。马克·波斯特（Mark Poster）指出："网络为传播主体赋权，推进民间自我叙事的成倍出现。"[①]如"厉害了我的哥"，这是来自网民的自创词，原是一名中学生在军训时玩"王者荣耀"游戏被教官发现，教官教导他后还帮助他完成了游戏体验，由于教官操作游戏出色，被夸"厉害了我的哥"。此词后被用来表达赞美、敬佩之意，如"厉害了我的哥！兰州启用直升机疏导交通"（《兰州晨报》，2016年12月6日）、"厉害了我的小学老师，给学生写'诗评语'不重样"（《齐鲁晚报》，2017年1月13日）。作为网络流行语的使用主体，青年网民具有较强的表现欲和较好的媒介技术素养，他们接受且参与网络流行语的再生产，通过大众传播、人际传播等多种途径，将网络流行语渗透到现实生活中，从而制造一种全民语言狂欢现象。

3. 民众心理诉求

网络流行语源于现实的社会生活，它的产生和传播也受复杂的社会心理

---

① POSTER M. The second media age[M]. New Jersey：Blackwell，1995：13.

的影响，如网民的从众、戏谑、逆反心理和自我激励。

从众心理是指个体在群体的影响或压力下，努力使自己的言行与群体保持一致，即我们通常所说的"随大流"。由于网络流行语主要流通于网络空间，是网民之间交流、沟通时使用的一些用语，因此，在从众心理的作用下，网络流行语很快被广泛传播。如"你懂的"，是无法言说或不方便公开言说的替代式表达，源于天涯和猫扑平台上的隐语事件，随着该词被网民高频使用，逐渐演变成"心照不宣"的代名词。再如"我太南了"，出自快手视频平台上的一个"土味视频"，该视频发布后，"我太难了"立即引爆网络。随后，网络上出现了以"我太难了"为主题的表情包，随着相关表情包的广泛传播，衍生出"我太南了"的各种变体形式。如今，这些词语已经"破圈"，成为人们的日常生活用语。

戏谑心理指人们采用调侃、恶搞、讥讽等间接方式来表达自己观点的心理状态，带有娱乐和玩笑色彩。人们乐于在网络空间围观各种与自己并无直接关联的事件，同时发表带有"戏谑"性的言辞，用幽默恶搞的方式来消解心理压力，实现一种精神上的"狂欢"①。如"蜗居"一词原是用来比喻房屋的形状，后来渐成"屋宇窄小"的代名词，现常用以指男女虽然结婚，但因为房价过高而处于拥挤窄小的居住环境。人们通过"蜗居""蚁族"等流行语自嘲，表达身处城市的生活压力。

逆反心理是指客观环境要求与主体需要不相符合时所产生的一种强烈的反抗心态。人们的逆反心理容易在热点事件传播中或社会现象与民意不符的情况下被激发，网民会借用网络流行语来抒发内心的真实情感。这种对抗式话语往往会被二次解构，即解构痛点与解构自我。网民常选择具有隐性内涵的词句进行拼贴，以解构个体身份与现实世界之间存在的冲突与痛点，达到自我治愈与自我和解的目的②。如2020年度十大网络流行语中的"打工人"，源自一位网友的短视频，视频文案是"勤劳的人已经奔上了塔吊，

---

① 王佳鹏. 在狂欢感受与僵化结构之间——从网络流行语看网络青年的社会境遇与社会心态[J]. 中国青年研究，2016（4）：83-89，47.
② 季为民. 网络流行语背后的青年心态探析[J]. 人民论坛，2022（8）：28-31.

你却在被窝里伸了伸懒腰,你根本没把自己的生活当回事儿。早安,打工人!",文案以黑色幽默的方式标明打工人的身份。此外,还有"打工累吗?累,但我不能哭,因为骑电动自行车的时候擦眼泪不安全"等"打工"语录。这种"打工人"的身份认同解构了生活痛点与自我,体现了对自身社会地位的焦虑,即对自己社会地位下沉的焦虑,自称"打工人"是对自身要时刻保持危机感并努力奋进的提醒。"杠精"是指通过抬杠以获取快感,总是与别人唱反调或争辩时故意持相反意见的人。以讨论苹果口感为例,人们认为苹果好吃,杠精却说不好吃,吃起来太酸了。人们反驳苹果有的酸有的甜,杠精会继续反驳,说苹果本就是酸的。随着"吐槽"文化盛行于网络世界,一些网民逐渐陷入对抗性的话语体系中。这种逆反情绪的出现是社会环境、网络平台、现实生活等的刺激以及后现代主义叙事方式的强化等多重因素共同作用的结果,即"社交媒体空间塑造了情绪传播的场景,个人情绪的社会化传播特征折射出情绪背后的非理性危机和对理性回归的思考"①。

  自我激励是指个体具有不需外界奖励或惩罚作为激励手段,能为自身设定的目标而努力的一种心理特征。"神马都是浮云"在流行伊始仅作为网民的吐槽文本,指拥有凡事皆浮云的淡定态度,告诫自己对不着边际的事情不要抱有幻想。随着该词语的流行,"神马都是浮云"更多地指向一种超然物外的人生境界,带有自我激励的意涵。比如,一则评论《淡定!"神马"都是浮云》在广州亚运会男子200米自由泳决赛中游泳名将张琳仅列第四名时写道:"要淡定!因为'神马'都是浮云……只要摒除杂念,专心致志,发挥出自己的水平,不论胜败,张琳都是英雄。"(新华社,2010年11月15日)尽管在网络流行语的话语体系中,类似"神马都是浮云"这些词语透露出网民的种种焦虑心理,但同时也折射出当今网民在应对各种焦虑问题时所表现出来的心理韧性。

---

① 严峰,刘磊. 社交媒体中个人情绪的社会化传播及其非理性探析——从"江歌案"引发的舆论高潮说起[J]. 当代传播,2018(3):79-81.

二、网络流行语的生成方式

1. 直接原创

网络流行语中网民直接原创的词语较为常见，常产生于社会热点事件，其内容朴实而隐喻深刻，形式简练又具形象感和表现力。比如，"秋天的第一杯奶茶"这一"热梗"源于人们以秋季的到来为由头，向亲友、恋人要第一杯奶茶或红包的行为。随着该流行语的传播，人们纷纷在朋友圈晒出亲友、恋爱对象为自己点的"秋天的第一杯奶茶"，以此来秀恩爱、晒感情。"有钱就是任性"源于一名网友网购时被诈骗的经历，即花了1000多元买保健品后连续接到诈骗电话，他明知对方在诈骗但仍继续汇款。当记者采访该网友时，其表示"被骗7万元的时候发现上当了，想看他们（骗子）究竟能骗多少钱"。这则新闻引爆互联网，网友调侃："有钱就这么任性"。随后"有钱就是任性"衍生出同类词族，如"成绩好就是任性""年轻就是任性""从不降价，效果好就是任性"。

2. 旧词新用

旧词新用主要有两种方式，其一是赋予汉语现有词以新的意义，新义与本义之间有的存在联系，有的却相差甚远；其二是将原有的词语稍加改造，赋予其截然相反的意义。大多数网络流行语通过这类途径生成。如"宝宝"一词本是对婴幼儿的昵称，在网络中常用来自称，出自网络潮语"吓死宝宝了"。"野性消费"改编自"理性消费"，即2021年7月河南遭遇洪灾时国内爱心企业积极捐款，网友也以直播间内下单购物的方式支持爱心企业，尽管主播呼吁应该理性消费，网友却表示需"野性消费"。

3. 谐音转换

谐音转换也有两种方式，一是由网络表达符号（拼音、英文字母或单词等）及其谐音引发的网络流行语；二是利用汉字的谐音生成的网络流行语。这类网络流行语表现形式简单但又幽默、具形象感，常能一语双关，契合年轻人娱乐化的交际心理。如"skr"原先是一个拟声词，是模仿汽车漂移或猛然转向时与地面摩擦的声音。2018年《中国新说唱》节目开播，"skr"

成为主打词，节目组为制造热词便把"skr"当作形容词用。后来就产生"skr"的各种谐音使用表达式，比如"热skr（死个）人了""你真skr（是个）小机灵鬼"。流行语"雨女无瓜"是"与你无关"的谐音，来源于电视剧《巴啦啦小魔仙》中的一句台词，剧中角色游乐王子常说的一句话是"与你无关"，但因为口音问题，被网友听成"雨女无瓜"，由此成为流行语。

4．修辞仿拟

有的网络流行语是通过修辞仿拟产生的，常用的修辞手法是比喻，如将没有意指关系的"能指"和"所指"对应起来，从而引申新的用法。如"柠檬精"本指从柠檬汁里分离出来的一种含糖化合物，又指胃酸，在网络中比喻"柠檬成精"，指"喜欢嫉妒他人的人"，后衍生出"自嘲式地表达对他人生活或情感方面的向往和羡慕的人"这一新义。又如，随着电视剧《小舍得》的热播，"教育焦虑"成为社会的热点话题，催生了"鸡娃"一词。"鸡娃"意为"给孩子打鸡血"，不停地让孩子去学习、拼搏，是近几年北京、上海、广州、深圳家长们流行的一种教育方式。由该流行语引申出来的，还有"青蛙""牛蛙""素鸡"等词，分别比喻普通孩子、某一方面或多个方面非常优秀的学生以及"鸡血"似的素质教育，折射出年轻一代父母的教育焦虑心理。

第三节 网络流行语的传播路径

美国学者埃弗雷特·罗杰斯（E. M. Rogers）在20世纪60年代提出了"创新扩散理论"，指出可以通过媒介劝服人们接受新观念、新事物、新产品，强调了大众传播对社会和文化的影响。关于网络流行语的传播，可以依据创新扩散理论从创新内容、扩散渠道、扩散过程以及社会支持系统几个方面进行分析。

一、网络流行语的创新属性

根据罗杰斯的观点，影响人们对创新词语是否采纳的因素主要是五大认知属性，分别是相对优势、兼容性、复杂性、可试性和可观察性[①]。网络流行语是伴随网络的发展而涌现的新词新语，与民众的草根话语、媒体的年轻化叙事等方面具有高度的兼容性和一致性。而且，网络流行语来源渠道广，形式种类繁多，可以增强语言表达的丰富性、趣味性和聚合性，流行后的词语也更容易被词典收录。比如第12版《新华字典》增加了"萌"的释义："稚嫩而惹人喜爱的"；在《现代汉语规范词典》新修订的第3版中，"土豪"增补了新的义项："今也指富有钱财而缺少文化和正确价值观的人"；2012年修订的《现代汉语词典》（第6版）中，收录有"宅""山寨"等词。可见，网络流行语的产生及传播过程实际上就是一个创新扩散的过程，

---

① BARAN M. Diffusion of innovations in the systems thinking approach [J]. Journal of comparative neurology，2010，511（1）：80-88.

且在数字媒体环境下，其创新扩散渠道和过程呈现出鲜明的时代特征。

二、网络流行语的扩散渠道

1. 网民的传播

网络流行语的使用主体是青年群体。网络流行语之所以得到广泛传播，与当代青年亚文化有着极强的关联性。青年的创新性促进了个性鲜明的网络流行语的产生与传播，一方面表现在青年群体首创网络词语，另一方面表现在青年群体复制并传播实现了网络词语的流行。比如"Hold住"这一由中英文语码混杂组成的流行语，源自综艺节目《大学生了没》，节目中一名网友以其夸张另类的表演引发关注，她的口头禅是"整个场面我要Hold住"，因此"Hold住"一词红遍网络。在青年人身份认同的赋能下，富有娱乐性的网络词语得到广泛传播。再如"吃瓜群众"一词，指在网络论坛中"不发言只围观"的普通网民。"吃瓜群众"即草根群体，在网民中占比大，"吃瓜群众"几乎等同于"群众"，后衍生出"目睹了整个事件的吃瓜群众""吃瓜群众早已看穿了一切""吃瓜群众的眼睛是雪亮的"等表达。

网络流行语在传播过程中逐渐超脱单纯的网络交际语言的范畴，也挣脱了网络亚文化的身份枷锁，不再是草根网民的专属物，而成为各网民群体之间话语权力实践的工具[①]。众多网民个体在同一时段内传播相同的网络词语，并在不同平台进行评论、转发，使得这一词语在网络空间的出现频次呈指数级增长，由此加大了传播强度，各阶层网民通过这种"自组织"式的传播使某一网络词语成为流行语，比如2008年的"不抛弃不放弃"、2009年的"不差钱"、2014年的"时间都去哪了"、2015年的"任性"。多元化的互联网群体传播推动了网络流行语的进一步崛起，也造成了网络空间权力格局的变革。

---

① 魏明. 传播主体多元化与网络流行语的话语权力实践[J]. 江汉论坛，2022（6）：129-135.

2. 传统媒体的传播

传统媒体主要指报纸、广播、电视三大媒介，其受众涵盖报纸读者、广播听众、电视观众，传统媒体的影响力、权威性和可信度都意味着其受众数量依然庞大。传统媒体有时是网络流行语的始发地，比如"双减""区块链""小康""拐点""口红效应""供给侧""新常态"等专有名词是先经传统媒体的使用和解读而得到进一步扩散的；"中国好声音体""爸爸去哪儿""非诚勿扰"等来自电视综艺节目。传统媒体有时为了吸引年轻群体，有意吸收一些网络流行语，以增加内容的可读性、娱乐性。比如人民网发布《喜大普奔！关于国产大型客机C919，你得知道这些》的报道用了"喜大普奔"这一网络流行语；2010年11月10日，《人民日报》头版头条发布《江苏给力"文化强省"》一文，将网络词语"给力"带入大众视野，体现主流媒体的亲民性；再如，2015年，"任性"一词被写进当年的《政府工作报告》，体现了网络流行语的强大生命力。

此外，网络流行语在传播中还常在网络媒体场域与传统媒体场域之间流通，在此过程中，传统媒体往往饰演"把关人"的角色。一个热点事件一旦进入网络场域，相关议题就会形成发散性的传播状态，传统媒体则需考虑是否应将其纳入二次传播。如《人民日报》所评："对于那些具有消极作用甚至低俗化、粗鄙化的网络流行语，应进行严肃的文化批评，避免其污染社会文化，以保持汉语基本规范与社会健康心态。应加强引导，鼓励使用那些符合社会主义核心价值观的网络流行语，从而更好凝聚社会共识，巩固全党全国人民团结奋斗的共同思想基础。"（《人民日报》，2020年2月18日）

3. 新媒体的传播

在新媒体时代，网络流行语的传播途径扩展到微博、微信、短视频等平台，有其自身的特征和生产机制。一方面，新媒体平台是网络流行语的重要来源途径。网络热词之所以能够"热"起来，多数是因为某些事件或段子，网络俗语谓之"梗"。比如，"我不要你觉得，我要我觉得"是综艺节目《中餐厅》播出后被网友转发到微博引起热议，又进一步传播而变成了"梗"，现形容不顾及他人的意见，盲目自信、独断专行的人。"友谊的小船说翻就翻"来自韩剧《太阳的后裔》,原是网友用来调侃剧情的,因这句话具有"百搭性",适用于各种语境,因而被广泛传播,且衍生出"亲情的火苗说灭就灭""爱情的巨轮说沉就沉""青春的小鸟说飞就飞"等语句,曾在短时间内非常流行。

另一方面,新媒体也增强了网络流行语的现实影响力。以网络新闻为例,网络流行语在网络新闻的运用有如下三种常见形式:其一,在标题中套用网络流行语;其二,以网络流行语为由头;其三,以网络流行语为主题。比如"官宣"一词的走红,源于一明星夫妇在微博上晒出结婚证,并且配文"官宣",于是就在网络上形成了一种"官宣体","官宣"被广泛运用于网络新闻中。如新品发布,《官宣!义乌这场全球新品发布会》(《义乌商报》,2022年11月20日);名单公布,《官宣!各队世界杯大名单密集公布》(环球网,2022月11月11日);政策公告,《官宣!北京启动个人养老金制度!》(腾讯网,2022年11月25日)。

可见,网络流行语的生成与传播具有多维的路径,而且通过碎片化的语言符号传播能够产生强大的舆论效应,在一定程度上推动了相关事件的发展,体现了草根话语的效能。

三、网络流行语的传播过程

创新扩散的接受过程包括获知、说服、决定、实施和确认等环节,这里结合模因理论讨论网络流行语的传播过程。1976年,著名动物学家和行为学家理查德·道金斯(Richard Dawkins)出版《自私的基因》(*The Selfish Gene*)一书,在书中提出了"模因"(meme)这一概念。在道金斯看来,正如基因(gene)是人类遗传进化的基本单位一样,模因是文化进化和传播的基本单位,究其本质,模因是一种复制因子[1]。事实上,语言不同于其他类型的模因,它是一种"基础模因或本源模因",因为语言是作为文化信息

---

① 道金斯. 自私的基因[M]. 卢允中,等译. 长春:吉林人民出版社,1998:16.

单位模因的最常见表现手段①②。从模因论的角度来看，网络流行语是强势模因，因为它拥有强势模因必须具备的三个指标：长寿性、多产性及高保真度。以"YYDS"为例，原是"永远的神"的汉语拼音首字母缩写，在出圈以后，"YYDS"的应用场景不断扩大，不仅可以用来赞美人，也可以用来赞美国家、机构、组织，进而扩展到事件、事理、事物等，一切皆可"成神"。据百度指数显示，"YYDS"的搜索指数峰值达到71911。

弗朗西斯·海利根（Francis Heylighen）进一步详细划分了模因复制传播的四个阶段，即同化、记忆、表达与传播③。网络词语虽对人们的社会文化生活产生了影响，但还需经过语言模因传播的这四个阶段才能成为流行语。本节以"锦鲤"为例讨论模因复制传播的四个阶段。

1. 同化阶段

指模因有意或无意地进入个体的视野，被个体所发现、理解并接受的过程。某些趣味性、实用性强的网络词语引起网友（宿主）的关注，并被列入其认知系统中，通过筛选和过滤后的网络词语被网友接受，从而形成潜在的网络语言模因。比如，"锦鲤"本是一种观赏鱼，早已存在于大众的认知体系中，进入2018年度的十大网络流行语是源于一条微博。2018年9月24日，支付宝官方微博发布了一条题为"祝你成为中国锦鲤"的信息，网友转发该条微博即可参加抽奖，中奖人被称为"中国锦鲤"。"中国锦鲤"可以享用由赞助商提供的一系列丰厚奖品，包括价值不菲的商品、旅游服务，该微博产生了300多万次的转发。10月7日支付宝揭晓了抽奖结果，幸运的"中国锦鲤"获得了"中国锦鲤全球免单大礼包"。此后"锦鲤"走红网络，成为"幸运"的代名词。"锦鲤"一词生动形象，并被注入了新的理解，意为"好运"，从而激发了广大网民的兴趣和关注，把此模因归入自

---

① 黄婉童. 新闻事件网络流行语的传播要素及其动力［J］. 新闻爱好者，2020（5）：91-93.
② 吉益民. 网络变异语言现象的认知研究［M］. 南京：南京师范大学出版社，2012：205.
③ 何自然. 语用三论——关联论·顺应论·模因论［M］. 上海：上海教育出版社，2007：133-134.

己的认知系统中。

2．记忆阶段

指模因在宿主记忆中保留的时长。模因进入记忆阶段后，又开始新的筛选。总体而言，网络流行语具有很强的复制性和传播力，但网络流行语更新换代速度也快，流行周期短。因此，在记忆阶段只有三类模因能够长久留存下来：第一是负载重要信息的模因，如充满积极向上意义的符号——"正能量"；二是令人耳目一新的模因，如由数字技术构建的虚拟生活空间——"元宇宙"；三是与宿主认知结构高度契合的模因，如作为"土味文化"词语变体的"土味情话"。仍以"锦鲤"为例，自幸运儿"中国锦鲤"诞生后，"锦鲤"开始泛指在小概率事件中运气极佳的人。"锦鲤"的火爆及其意义的泛化，隐含了人们对美好生活以及使人钦羡的品质、技能等的向往，非常切合宿主的认知结构。潜在的网络语言模因在网民意识中停留的时间越长，传播给其他网民的可能性就越大。如2018年女团青春成长节目《创造101》中的成员杨超越因以第三名的成绩成功出道、实现与偶像同台的愿望、闭眼射箭获银牌、演唱会抽中2万元大奖等系列幸运事件，成为年轻人眼中的活"锦鲤"。截至2022年11月，微博超话"杨超越锦鲤"已达到5.6亿阅读量。杨超越的"锦鲤"运气使该词在广大民众心中留下了深刻的印象，在网民宿主认知系统中储存的时间大大延长。带有祈福性质的模因一旦和受众自身的生命体验相结合，更加强化了原有的情感倾向，致使不少年轻人在参与重要活动前或面对重大抉择时会转发"锦鲤"图片。如微博网友所言"愿望交给锦鲤，你只管努力就好"，其实人们也明白祈愿只是为了获得一种心理安慰，愿望的实现仍需脚踏实地地努力奋斗。

3．表达阶段

指模因被宿主传播前转化为宿主所能感知的有形体。在这一阶段，网民在理解、传播时会融入自己的主观意志，也就是说，网民把潜在的网络语言模因转换成自己能够感知的特殊有形体，并在相应语境时表达出来。在"锦鲤"模因的复制过程中，网民们踊跃进行二次创作，形成了拥有众多流行因素的复合模因，包括表情包、动态图等。一是直接使用与转发锦鲤图文，不进行任何加工或修改；二是给同一图片加上不同文字，以适用不同的语境；另外，还通过拼贴多种元素，将网民认为的"活体锦鲤"拼接成"锦鲤套餐"等。正是由于这种"二创"表达，使得"锦鲤"模因被不断复制，"锦鲤"顺理成章地成为强势模因。经过同化、记忆、表达几个阶段后，宿主能够熟练掌握潜在语言模因的表达特征及方式，在受到一定的语境刺激时能迅速将记忆中的语言模因提取并表达出来。

4. 传输阶段

指模因从一个宿主到另一个宿主之间的流通和传染过程，这一阶段是网络词语能否成为模因的关键所在。自媒体可加快模因复制与传播的速度，通常网民会将潜在的网络语言模因通过微信、微博、QQ、视频平台、网站论坛等各种渠道表达出来，其后被其他网民所关注、表达、复制，再进一步传递给更多的网民，由此完成了强势网络语言模因的传播，形成了各个网络流行语。"锦鲤"这一模因是以互联网为依托，融合了图像与文字，创造出各式各样的图片、表情包，使"锦鲤"的语义内容和表现形式更加丰富，传播也更具感染力和冲击力。而且，"锦鲤"模因在传播阶段中与网络热点话题或事件保持高度互动，比如，《"超级锦鲤"刷屏朋友圈，流量时代"锦鲤"为何吸金？》（新华社，2018年10月29日）、《汉语盘点2018大幕开启——字词锦鲤，等你来领》（人民网，2018年11月20日）。当前，"锦鲤"多用于商业营销，商家通过使用"锦鲤"一词，以吸引年轻消费者的注意，迎合其求新求异心理。媒体的报道、商家的营销将"锦鲤"与网络舆论的关注点勾连起来，把"锦鲤"传播推向一个又一个高潮。最终，"锦鲤"一词因被频频复制和传播，变成强势模因，在各种语境下被网民运用。

四、网络流行语的社会支持系统

在去中心化的互联网中，每个个体都是一个节点，蕴藏着强大的能量，释放的信息具有吸引整个网络的潜力。就网络词语而言，在流通的过程中，每个网民都是传和受的节点，而一些关键节点即"意见领袖"，如微博大V、明星、媒体人能将网络词语扩散到更大的群体中，使其不再只是小群体的"自嗨"，而成为整个网络的流行语。比如，"高端大气上档次"出自电视剧《武林外传》，随后冯小刚执导的电影《甲方乙方》也出现这一台词，体育运动员刘翔也曾说过。在多方合力作用下，"高端大气上档次"成为网络流行语。

网络流行语生成之后，随着这一文化符号的不断扩散，主流媒体和商业资本会进行收编。一方面，主流媒体在协商和改写民间话语的表达方式时需进行意识形态的把关，并不断修正网络流行语的使用规范，以保证语言文字的规范性。比如，"女汉子"原指自认为或被大众认为性格言行与男性相似的女性。随着中央电视台2015年春节联欢晚会上《女神和女汉子》这一语言类小品节目的播出，"女汉子"也被逐渐规范，成为带有励志色彩的个性豪爽、不拘小节、不怕吃苦的一类女生。另一方面，商业资本需紧跟消费者的步伐，在商业话语的收编中，其惯常手段是用流行语来吸引消费者的眼球，从而消解流行语的新鲜感和抵触意味，以获得盈利的原动力。比如，"颜值"这一流行语表示人靓丽的程度，起初在偶像团体内传播，后经综艺节目使用，并通过网络力量带火了这一词语。随着商业对"颜值"的收编，在"互联网+"的赋能下，颜值经济焕发出更强的生命力，衍生出"颜值商品""颜值服务""颜值主播""颜值业态"等词。

第五章 网络流行语及其传播

第四节　网络流行语的功能表现

一、网络交流的独特符码

语言是人类特有的一种符号系统，它是人与人之间交流的工具，是人感知世界、认识事物的媒介，也是文化信息的载体。

网络流行语是汉语词汇系统中的特殊成员，与现代互联网相伴相生，在人们的网络交流中发挥着独特的作用。比如"达人"，本指通达事理、乐观豁达、行事不为世俗所拘的人；在网络交流中，网民赋予其新的内涵，指代活跃用户，即指上线时间长或内容更新频率高的网民。"雷"是云层放电时发出的响声，如"打雷"，或指军事上用的爆炸武器；在网络上，"雷"则表示在人们不知情的情况下看到某种令人惊讶的事物，感觉犹如"被雷击中"一样。此外，"囧"的本义为"光明"；因网友认为"囧"的书写像皱着眉的人的形象，因此赋予"囧"这一符号"郁闷、悲伤、无奈、尴尬、困窘"之意，"囧"也成为网络聊天、论坛、博客中使用频繁的词之一。这些词语经过网友的重新符号化，在原有的能指形式中注入新的所指意义，成为网络流行语，被广泛应用于网络交流场域中。

从社会文化的角度看，网络流行语也是某个时期、某一阶段的社会象征性符号，体现了网民对经济、政治、文化、社会的心理认知，承载了人们的各种情感表达。比如，"山寨"本是指在山林中设有防守栅栏的地方或有寨子的山区村庄；现指一种社会现象，即指模仿、复制、抄袭等行为或由此而产生的物品。随着"山寨"渗入社会生活中，"山寨电影""山寨明星""山寨春晚""山寨新闻"等网络词语层出不穷，形成了以"山寨"为中心的非主流文化圈。可以说，网络流行语作为一种"社会象征符号"[①]，是现实生活图景的投射，与社会事件、社会现象紧密相联；人们用这些新生词语在网络空间中交流，也是参与社会建构与变革的一种方式。

"流行语要经历从广泛流传、不断打磨到沉淀结晶的过程，最终成为时代的一种书写，如果把语言比喻成一座城市，那么这些沉淀下来的流行语就是城市建设中的一砖一瓦。"（《人民日报》，2018年6月6日）"硬核"的英文为hardcore，作名词时意为硬核摇滚乐，后用以形容强悍、彪悍的事物。由于《流浪地球》这部影片的内容和特效真实感强，拍摄难度大且质量好，因而被网友称为"硬核国产科幻片"。随后"硬核"一词爆红，被各大媒体广泛使用。比如"300多名环卫'大白'的硬核坚守"（《南方日报》，2022年11月18日）、"'给孩子们的科学礼物'持续'上新'，互联网平台硬核科普打造精品"（《科技日报》，2021年12月27日）、"用硬核担当创造更多过硬成果"（《新华日报》，2020年11月13日）。而"强国有我"则源自中国共产党成立一百周年庆典上青年学子的庄严誓词，于2021年被国家语言资源监测与研究中心收入"2021年度十大网络用语"，体现出新时代青年的使命担当。这类网络流行语之所以能够深入人心，在于兼具了语言交际的实用性与通俗性，既是网络交流的工具，也是社会象征性符号。

二、构建圈层的语言媒介

亨利·塔杰菲尔（Henri Tajfel）认为，社会认同是"个体自我意识到自己所属的社会群体，并认识到群体身份赋予自己的情感与价值意义"[②]。作为现代网络媒介沟通交流的工具，网络流行语的使用满足了年轻网民的社交需求，同时也是他们获取群体归属感的重要方式。比如，"萌萌哒"源于网

[①] 邹军. 从网络象征符到社会象征系统——解析网络语言的社会影响[J]. 现代传播（中国传媒大学学报），2013（9）：63-65.
[②] 王俊秀，杨宜音. 社会心态理论前沿[M]. 北京：社会科学文献出版社，2018：61.

络社区，多用于形容自己的可爱形象，无论是发帖还是撰写博客，网民们常不忘附上一句"感觉自己萌萌哒"；"佛系"指无欲无求、不悲不喜、云淡风轻追求内心平和的生活态度，网友通常用"佛系"自我标榜，为自己贴上"佛系"群体的标签，由此衍生出"佛系青年""佛系老师""佛系玩家""佛系粉丝""佛系养生""佛系减肥""佛系健身""佛系追星""佛系人生""佛系生活""佛系游戏"等系列词语。

约翰·甘柏兹（John J. Gumperz）曾指出，"语言实现符号交互作用的同时，实现群体性的划分"[①]。作为消费主义背景下的流行符号，网络流行语的使用主体在注重工具性的同时，也追求流行语背后所蕴含的标志性意义。这种差异化、个性化的风格给个体以心理上的自我定义，成为群体区隔的一种标识。比如"皮皮虾"源于一款游戏玩家之间的聊天惯用语，2017年被网友改造成"皮皮虾，我们走"，后又衍生出"皮皮虾，我们回来""皮皮虾，我们倒走"等表达，并因滑稽有趣的配图表情而在网络上走红，多用于论坛、聊天室等场景。"确认过眼神"出自林俊杰《醉赤壁》里的一句歌词，其基本意义是"确定""经过鉴定"，后语义发生了泛化，网络上掀起了一场仿拟造句"竞赛"，如"确认过眼神，你是蚊子偏爱的人""确认过眼神，是我要买的包"。如果不能理解这些网络流行语，便被认为是"out"了，被青年网友"确认过眼神，不是年轻人"了。从某种角度而言，网络流行语是青年网民为强化群体内部共同体、为群体认同感建构的一种语言屏障，它可将群体之外的人排除在外。"趣味相投"的青少年组成网络社群，网络流行语成为他们的社会"文身"，成为他们社会交往的坚硬"铠甲"[②]。

[①] GUMPERZ J. Language in social groups[M]. California：Stanford University Press，1971：101.
[②] 骆正林. 网络流行语背后的青年社会心态［J］. 人民论坛，2022（10）：80-83.

三、社会生活的解压阀

诚如克洛德·海然热（Claude Hagege）所言，话语是主体心理和社会现实的镜像，折射出话语主体的欲望和现实向往[①]。虚拟网络空间的存在，使网友找到了一个暂时逃离现实的"狂欢广场"。现代人生活在各种压力之下，狂欢的核心就是释放情绪，而具有娱乐元素的网络流行语，便成为他们的选择。

比如，游戏玩家常说"还有这种操作？"意思是"吐槽"或惊讶一些不可思议的游戏操作方式；后此表达突破"游戏圈"成为网络流行语，常在网络聊天或回帖时以表情包的形式出现，表示震惊或疑问，意思是"居然还有这种套路"，如"日剧和泰剧梦幻联动，原来橡皮还有这种操作""宣传电影还有这种操作""万万没想到家里进蚊子还有这种操作"等。

"扎心了，老铁"起源于一次直播。由于直播间的观众几乎全是十几到二三十岁的青少年，他们自认为年轻充满活力且个性张扬，因此频频发送弹幕。直到直播间混进了一群小朋友，于是很多人发"扎心了，老铁"这句弹幕，表示对自身年龄不自信了，于是该用语迅速走红互联网。人们借用"扎心了，老铁"表达痛心、悲伤的情感以及深切的无奈，如"7岁的孩子问我为什么脱发，扎心了老铁""节目预告，扎心了老铁"。

狂欢式的表达在一定程度上缓和了个体与现实的矛盾，使个体从现实社会中暂时脱嵌[②]。因此，网络流行语的使用可以视作青年网民的心理防御机制，发挥缓解焦虑情绪的作用。又如，"悲催"意思是不称意、不顺心、失败、伤心、悔恨等，尽管该词看似感情色彩义很强，配上表情包表达"悲惨得催人泪下"之意；但结合其具体的语境，总带有几分诙谐戏谑的意味，如"太悲催了，我想哭了""悲催啊，悲催，我挂科了""伤不起"等最早

[①] 海然热. 语言人——论语言学对人文科学的贡献 [M]. 张祖建，译. 北京：北京大学出版社，2012：279.
[②] 李凤兰，彭红秀，杜云素. 焦虑中的反叛与韧性——青少年网络交往中的话语表达 [J]. 中国青年研究，2018（8）：17-22.

出现在豆瓣网上,以文章标题的形式流行,表达无奈、纠结的心理;其与"悲催"用法类似,如"学法语的人你伤不起啊""设计飞机的女生你伤不起""办公室上班族你伤不起",均具有娱乐倾向。可以说,在这一狂欢广场中,在表面"丧"的背后,实则是网民自我情绪的消解,其精神内核仍是永不言弃,其底色仍是努力生活。

第五节　网络流行语的词语化传播

在一批又一批新涌现的网络流行语中，有一类词语（这类词语均包括词、短语和特定的句子）较为特殊，有人称它为"词媒体"，有人称它为"新闻事件流行语"，也有人谓之"媒介热词"，而大部分人把它视作"网络热词"或"网络流行语"。具体说来，这类词与某一新闻事件、热点问题、社会现象、公众心理等密切相关，最初是从某一热点事件、社会问题或媒介文本中提取的关键词，后通过网络媒体广泛传播，形成舆论焦点，成为网络流行语，其间公众积极参与，有的后来被传统媒体引用；在形成了特定的词语内涵之后，公众以此表达同类事件、现象或心理，如"且行且珍惜""土豪""中国大妈""中国梦""房姐""正能量""给力""打酱油"。有的还创造出一系列的同构词，形成某一词族，如"蒜你狠""豆你玩""油你涨""苹什么""姜你军""糖高宗"，由此形成了一种特殊的媒介事件词语化传播现象。

这种词语化传播现象的背后其实有着深刻的社会和现实根源。当前，我国正处于社会转型加速期，随着社会结构的变迁、体制的转轨、利益的调整，人们的思维方式、价值观念等都发生了深刻的变化[①]。在此背景下，人们对新闻事件、热点问题、社会现象极为关注，而这种关注在传统媒体与新媒体的相互作用下表现为对网络流行语（包括词、短语和特定的句式）的大力追捧与宣扬。网络流行语成为一种新潮的话语表达方式，仅用一个简短的

---

① 杨永军，张彩霞. 转型期社会舆情的传播规律与特征［J］. 山东社会科学，2012（12）：82-87.

词、短语或句子就能对某一类社会事件或现象进行概括，通过词语化的传播以表达自己的观点和评价。

从2008年至今，每年都产生大量的网络流行语，这些词语涉及经济、政治、文化、社会、心理等各个领域，几乎每个词都有其特定的来历。比如，2013年的年度流行语"土豪"即来源于一起媒介事件。2013年9月，新浪微博发起"与土豪做朋友"和"为土豪写诗"活动，其中一位网友发表了一条相关微博，内容如下：

青年问禅师："大师，我现在很富有，但是我却一点也不快乐，您能指点我该怎么做吗？"

禅师问道："何谓富有？"

青年回道："银行卡里8位数，北京五道口有3套房不算富有吗？"

禅师没说话，只伸出了一只手。青年恍然大悟："禅师是让我懂得感恩与回报？"

"不，土豪，我们可以做朋友吗？"

在此期间，媒体报道了多起当事人摆阔的新闻事件，于是网民纷纷调侃"要与土豪做朋友"。同时，伴随"土豪诗"的兴起，如"日照香炉生紫烟，土豪能顶半边天""沧海月明珠有泪，我给土豪捶捶背"，"土豪"一词的使用范围被拓宽。之后，"土豪"成为媒介文本中的高频词，迅速走红网络，不仅成为网民日常交际的常用语，而且还成为个别事物的代名词，例如金色外壳的iPhone5s手机被网友们戏称为"土豪金"。

"土豪"一词之所以如此流行，主要原因在于其词义与当前社会心理样态相互契合。从词义来看，"土豪"原意指地方上有钱有势的家族或个人，但在网络平台的传播中被不断地重新阐释，失去了原有的意义，衍生出新的含义，成为有钱但缺乏品味又好炫富的一类人。从社会心理看，一方面，"土豪，我们做朋友吧"反映了普通民众渴望财富而又戏谑的心理，"土豪"一词所显示的调侃、讽刺意味，其实是网民以隐喻式的批判宣泄对现实不满的一种方式；另一方面，"土豪"一词在一定社会群体中产生了角色认同之后，个体为了遵守群体规范，通过群体的暗示作用，会依附和支持群体的主流思想，这种从众的集群心理倾向使"土豪"的传播更加广泛。如今，"土豪"的指涉对象不仅泛指某一类人，也泛指某一类行为，只要实施了在他人看来属于相对高消费的行为，即被称为"土豪"。可见，"土豪"一词通过对媒介事件的高度概括，已成为一个阶层精神追求和价值取向的标识。而且"土豪"本身虽"豪"，但"土"的内涵更符合草根阶层的文化优越感，切合网民的调侃心理，从而在网络上迅速传播，成为年度网络流行语之一。

另一流传广泛的年度网络流行语是"且行且珍惜"，也是来源于一起媒介事件。原文是"恋爱虽易，婚姻不易，且行且珍惜"，网友据此句式进行了花样百出的仿拟，如"创业容易，坚守不易，且行且珍惜""选择虽易，坚持不易，且行且珍惜""生存容易，生活不易，且行且珍惜""承诺虽然，履行不易，且行且珍惜"。

网民如此热衷于效仿，究其原因，主要有以下两个缘由。

其一，当事人属当红演艺明星，在《南都娱乐周刊》爆出事件后网上掀起了轩然大波，表明网民对此事高度关注。基于对传统婚姻道德观的维护，大部分民众以同情弱者的态度看待这一事件，最终使事件得以病毒式传播，不仅引爆了国内娱乐界，还引来了《每日邮报》《纽约每日新闻》《好莱坞报道》等多家国外媒体的报道。促使形式简练且表意生动的"且行且珍惜"成为代表该事件的网络热词。

其二，网民对此事的调侃和"刻意"讽刺的心理。网民的调侃和讽刺传达了对当事人态度的质疑，通过仿拟微博内容，网民有意淡化微博原文中的真情实意，将其转化为普适的、娱乐的情绪，并嫁接到其他事件中，甚至是日常生活琐事中，从而吸引全民的注意，形成"全民忏悔""全民感叹"的大众文化现象。此外，据戴维森提出的"第三人效果"理论，人们通常认为大众传播的最大效果不是发生在自己身上，而是发生在"第三人"身上。所以，对自己盲目乐观的想法使受众觉得自己不太容易受到负面事件的影响，这也在某种程度上促使了"全民忏悔"娱乐事件的形成[①]。网民以事不关己

---

① 郭庆光. 传播学教程[M]. 北京：中国人民大学出版社，2011：220-225.

的侥幸心理对当事人进行各种调侃,从"且行且珍惜"所模仿的语句来看,内容多涉及微博趣味话题,多含有取乐的成分,原文中真实的歉意变成了公众娱乐的脚本,最终"且行且珍惜"在全民中传播。

从"土豪""且行且珍惜"的传播可见,网络流行语表面上看似是一个词语在社会上广为传播,实质上是一种民间舆论形式的体现。因为每一个词语都与一定的新闻事件、社会问题或公众心理相关,都反映了民众复杂的情感和诉求,折射出一种集体心理,是社会舆论的风向标。网络流行语的传播也反映了复杂多样、深刻的社会与文化内涵,如民情民意的朴素表达,对社会负面现象的含蓄抗争,对精英文化的无形影射,也有民众追新求异的自我娱乐与解嘲,以及对美好人性的赞颂与追求。在经历热词狂欢之后,民众压抑的内心得以释放。

为何大众如此热衷传播网络流行语?一是媒介化时代社会信息海量增加,受关注的事件或现象、碎片化的信息浓缩为一个热词,以类似关键词的形式迅速传播,符合后现代主义语境下受众的心理期待,贴近微时代的受众阅读习惯,也顺应当前注意力经济的潮流。二是如同话语或者符号的生产总是与权力相关,在现实语境中,受权力、地位、身份等外在因素的制约,弱势群体常处于失声状态。但在转型期社会,主导价值发生了重大变化,部分话语权从精英阶层转移至普通民众身上,民众的主体意识增强,开始理性地思考现实的社会问题,并作出自己的判断与评价[1]。因此,诸如"高富帅""有钱就是任性""拼爹""大V""房姐"等网络流行语传播的背后其实是话语权的争夺,并在一定程度上挤压了权力寻租的空间。

民意是民主政治的起点和归宿,网络流行语广为传播是民众参与意识、舆论监督意识增强的表现,也是社会舆情和民意的一种直接反映。在当前形势下,应完善各项体制建设,加强"官媒"互动,通过各种渠道化解社会矛盾,正确引导舆论走向,促进社会和谐发展。

---

[1] 祝兴平. 转型期民谣与社会舆论评价 [J]. 当代传播,2002(3):22-24.

Chapter VI
第六章

青年后亚文化视角下的流行语例释

"亚文化"一词正式出现于20世纪40年代中期，阿尔伯特·科恩（Albert K. Cohen）、霍华德·贝克尔（Howard S. Becker）曾在各自出版的书中论述过亚文化群体的浮夸装扮及其威胁公共秩序的行为方式，认为亚文化群体其实是借此表达自己内心的焦虑和对社会规则的反抗。到了20世纪60年代，亚文化被认为是"通过风格化的和另类的符号对主导文化进行挑战从而建立认同关系的附属性文化"[①]，且具有抵抗性、边缘性等特征；也就是迪克·赫伯迪格（Dick Hebdige）在《亚文化——风格的意义》一书中所说的——亚文化是青年抵抗主流社会的一种象征文化符号[②]。

20世纪80年代，在后现代社会语境下，亚文化进入了后亚文化时代。青年亚文化呈现出鲜明的"后亚文化"特征，其对主流文化的抵抗性减弱，逐渐走向以兴趣为支点的"部落"格局[③]。现代青年在消费社会和网络社交环境中，以一种松散的关系结成联盟，与主流文化形成了一种"区隔"，但未见"直接对抗"的思想[④]。随着互联网的发展，年轻人可以摆脱线下日常生活的束缚，进行跨地域、跨时空的文化交流，并由此建立后亚文化青年之间的趣缘部落。

网络流行语也表现出后亚文化的倾向。首先，使用网络流行语的群体通常只是把流行语视作其进行网络交流的工具，并未形成明显的群体行动，呈现去中心化的特征。其次，网络流行语具有重形式、轻意义的特征，青年群体通过对文字、图像、符号等文本的剪切、拼贴，进一步解构流行语的意义，使得网络流行语与后亚文化保持较一致的风格。最后，网络流行语使用人群的群体归属感较弱，他们在交往中更注重自我的认同和个性的发展，强调共享的交流体验，并不刻意强调对团体的服从与贡献，这一点也与后亚文

---

① 陶东风，胡疆锋. 亚文化读本[M]. 北京：北京大学出版社，2011：3.
② 赫伯迪格. 亚文化——风格的意义[M]. 陆道夫，胡疆锋，译. 北京：北京大学出版社，2009：112.
③ 华桦. "祖安文化"的形成机制、文化特征及应对策略——基于青年后亚文化的理论解释与局限[J]. 当代青年研究，2020（6）：46-52.
④ 曾一果. 网络社会的"新俗信"——后亚文化视角下的"星座控"[J]. 西北师大学报（社会科学版），2020，57（4）：20-28.

化的关系形态相契合。

  当前,移动互联网已深深地嵌入社会生活中,网络流行语对文字、图片等的拼接、挪用,不仅满足了青年群体的网络交流,也带来了丰富的娱乐快感,使他们偏爱这种轻松愉悦的表达方式。像"内卷""躺平""破防"均为年度十大网络流行语之一,在一定程度上体现了后亚文化时代的媒介语言特征和青年群体的情感世界,也反映了在新媒体时代青年后亚文化对社会文化的另类传播。这些语言符号的生产和传播,使原本严肃的民生话题、社会问题得以消解,并走向娱乐化的情景中。

第一节 "内卷"何以产生

一、内卷:矛盾状态下的价值异化

内卷,又称"内卷化",译自英语involution,本是社会学术语,指一种社会或文化模式发展到一定阶段后停滞不前,或无法转化为更高级模式的现象。2020年下半年,有几张图片被刷屏,图片显示:有人骑在自行车上看书,有人边骑车边用电脑,有人床上堆满了一摞摞书……"边骑车边用电脑"的学生被称为"卷王"。"内卷"一词旋即登上热搜,进而流行开来,在社会上被广泛使用,成为《咬文嚼字》的年度十大网络流行语之一。在高校,学生用"内卷"指代非理性的内部竞争。比如,课程作业要求写3000字,学生却"卷"到写了10000字仍不罢休;天未亮就起床只为在图书馆的"座位争夺战"中拔得头筹;直至凌晨仍在挑灯夜读……"随着高校进入'严'字当头的时代,大学生'划水'也能毕业的日子一去不复返了。不少大学生表示,'内卷'的热度,不仅是大学生的一种自我调侃,也是大学生面对学业以及自我发展的众多压力的真实写照。如何破解'内卷',也是每一个大学生需要完成的人生课题。大学生的'内卷'是竞争还是内耗?"(《中国青年报》,2020年11月9日)可以说,"内卷"是一种导致个体"收益努力比"下降的现象,可以看作是努力的"通货膨胀"。

哈特穆特·罗萨指出,"加速"是现代社会的基本特征,他将社会加速分为科技加速、社会变迁加速和生活节奏加速三个方面,并指出社会加速会改变我们和世界的关系，影响并改变社会互动的质量①。在加速社会中，一切事物都处于不断流动的状态，人们会耗费大量的时间以谋得更多与社会连接和同步的机会；而未来对于年轻人而言是开放的、未知的、是无法从过去和现在进行推导的，这种社会环境的不稳定性和不可预测性严重影响了年轻人对未来图景的规划。因此，他们致力于在变动的社会中寻求一种"安全"的生存模式，即"内卷"。这种生存模式也可以用剧场效应来阐释。在一个电影院里，大家本来都坐着看电影，突然有一个人站了起来，把后排观众的视线挡住了，导致了后面的观众也只能站起来看，慢慢地越来越多的人都站起来。最终，所有观众付出了更多的体力成本，得到了和原来一样的甚至更差的观影效果。在逐渐"内卷化"的社会中，人们都被裹挟着"站"了起来。面对白热化的竞争，人们总觉得自己位于陡峭的山坡上，一旦停下前进的脚步或稍有松懈，就会被身后的人所超越并且滑落谷底，难以追回到原先的状态。在"努力通货膨胀"的社会现实下，年轻群体的"获得感"难以得到满足，逐渐陷入一种自我价值的异化。当前，"内卷"的概念意义恰好能够解释年轻人的这种精神状态，身处内卷化的人们尝试用"内卷"为自己的现实处境找到归因和解释，并以此缓解自身的精神焦虑。

从后亚文化的视角看，频频使用"内卷"一词的青年群体只是按照自我推崇的价值观对主流文化进行阐释，用"内卷"一词进行调侃式的"消解"和"狂欢"，并非有意表现出对主流文化的消解。也就是说，青年群体并没有因为"内卷"的产生和流行而抵抗主流文化；恰恰相反，因为"内卷文化"的再生产和恶搞带来了不少快感，从而推动了主流文化在网络上的持续存在。可以说，"内卷化"反映了当下较为客观的社会发展模式，作为一种网络亚文化，也得到了当代主流社会的广泛认同。

---

① 罗萨.加速——现代社会中时间结构的改变［M］.董璐，译.北京：北京大学出版社，2015：124.

二、社会性文化热词的多元指向

"内卷化"（involution）这一概念最早出自哲学家康德的《判断力批判》一书，他把"内卷理论"与"演化理论"进行了比照。其后，人类学家戈登威泽（Alexander Goldenweiser）用"内卷化"来解释文化模式发展到一定程度时产生的结果。使"内卷化"这一概念进入大众视野的是人类学家克利福德·格尔茨（Clifford Geertz）和经济史学家黄宗智。20世纪60年代，美国人类学家克利福德·格尔茨基于农业生产模式简单重复与停滞不前的状态提出了"农业内卷化"的概念，在其社会学著作《农业的内卷化：印度尼西亚生态变迁的过程》中阐述了相关的观点[1]。格尔茨发现，在爪哇岛和外岛之间存在着二元的发展，外岛的一些地区借助技术，生产越来越向资本密集型发展；而爪哇岛的一些地方则不断地向劳动密集型发展。爪哇岛聚集了印度尼西亚三分之二的人口，主要从事粮食生产和小型手工业；而散布在爪哇以外的广阔外岛区域发展了高效率、大规模、主要用于出口的工业。爪哇人由于缺乏资本，土地数量有限，加上行政性障碍，无法将农业向外延扩展，致使劳动力不断填充到有限的水稻生产中。格尔茨在概括这一过程时使用了"农业内卷化"概念。20世纪80年代，黄宗智借用"内卷化"概念分析中国小农经济的生产过程，指出在人多地少的情况下，很容易出现劳动投入越来越大而劳动回报却越来越小的情况，以致形成了一个顽固难变的封闭体系[2]。随着该词在政治、经济、历史、社会各领域中的运用，逐渐发展成一个典型且开放的学术概念。现在，"内卷"已从大学生群体中"出圈"，各行各业内部的非理性竞争都称之为"内卷"。在泛化传播的过程中，"内卷"一词经历了意义的解构与重构，比如衍生出"社会化内卷"一词，指"当某一种社会资源有限，但争夺它的人越来越多的时候，每个人得到的都越来越少，但付出却越来越多，活得也越来越累"。

---

[1] GEERTZ C. Agricultural involution: the process of ecological change in Indonesia[M]. Berkeley: University of California Press, 1963: 10-11.
[2] 黄宗智. 再论内卷化，兼论去内卷化[J]. 开放时代, 2021 (1): 8, 157-168.

"内卷"的出圈，标志着"内卷化"已从一个专业领域的概念演变为具有多维指向的社会性文化热词。"内卷"一词刚出现时，大众对其含义不甚了解，于是一些媒体引入专家观点进行权威解读。如澎湃新闻发布《人类学家项飙谈内卷：一种不允许失败和退出的竞争》，从而引发热议；《新京报》传媒研究院也分享了历史学家黄宗智于2020年发表的学术论文《小农经济理论与"内卷化"及"去内卷化"》。其后，主流和官方媒体开始关注"内卷"现象，如中国青年网刊登了《年轻人为何会有内卷情绪？》《"卷人"不该是年轻的唯一样态》两篇文章，这两篇文章受到了新华社、人民网、光明网、中国网、中国经济网等多家主流媒体的转发和评论。

现在，"内卷"在国内已衍生了多元的指向。其一，"内卷"话题涉及的地区主要是人口稠密和经济发达的省份，如河北、山东、河南、广东、北京、上海，或许与"高考大省""打工人"聚集地有关。其二，"内卷"涉及个人生命周期的多个阶段，相关话题从教育到职场，并进一步向婚姻、子女和住房等领域扩散，且"内卷"的主体呈低龄化趋势。其三，"内卷"涉及各行各业，与"内卷"密切相关的行业包括金融、银行、互联网、计算机、医疗等，主要是那些被公认为压力大、经常和"996""社畜"等网络流行语勾连的行业。其四，"内卷"也涉及国家和经济发展，"经济发展""时代机遇"也是经常在"内卷"语境下讨论的议题（上观新闻，2020年12月5日）。

此外，新媒体技术的发展也为"内卷"一词衍生出各种网络爆梗、热门段子、表情包乃至短视频等提供了条件。通过受众对意义的不断选择和重新阐释，"内卷"转变成新的文本，经过二次加工的文本往往被赋予了年轻群体对特定社会议题的价值解读和意义重构[①]。"内卷"一词的跨圈层泛化传播，反映了现代社会的群体生存状况，也传达了群体性的精神内耗与社会焦虑。

---

① 张宁. 消解作为抵抗——"表情包大战"的青年亚文化解析[J]. 现代传播（中国传媒大学学报），2016，38（9）：126-131.

三、多元价值观碰撞下的熵增

"内卷"一词的泛化传播蕴含着复杂多元的价值碰撞。作为传播文本,"内卷"被加入了个体和群体的想象,或对现状不满,或对现实不安,或对未来充满期待。无差别的"内卷"定义,容易造成多元价值的泛滥,造成个人价值的异化,也使得青年群体的思想观念难以与主流价值接轨。随着"内卷"二字原有语义空间的崩塌,在"内卷化"的社会生态下,青年也容易陷入毫无意义的自我消耗,被裹挟于"内卷"的发展框架之中而难以脱身。

人类学家项飙曾指出,"今天的内卷是一个陀螺式的死循环"。他认为,"内卷"一方面指投入不断增加、无限地增加;另一方面是不知哪里是终结,也不知还有什么意义,究竟能够带来什么产出,但是又觉得停不下来(澎湃新闻,2020年10月23日)。这种无序化的发展模式,也许可以用"熵"来解释。熵(entropy)最初是用来描述"能量退化"的物质状态参数之一,在热力学中被广泛使用。克劳休斯曾阐述热力学第二定律熵增原理:在孤立系统中,体系与环境没有能量交换,体系总是自发地向混乱度增大的方向变化,使整个系统的熵值越来越大。熵定律经过美国后现代作家托马斯·品钦的小说《熵》、美国社会学家杰里米·里夫金和特德·霍华德的《熵:一种新的世界观》等作品的阐述而被赋予社会学意义[①],从宏观上表明世界和社会在进化过程中的混乱程度。内卷化的社会无疑是一个熵增的社会,无序与内耗不仅使个人的精神被"内耗",也会使一个社会的运行成本大大增加。

《中国青年报》曾这样评价"内卷社会":无论是对于个体而言,还是对于整个社会来说,面对"内卷"都是一项挑战。如社会的焦虑心态、功利化的价值取向加速了教育的"内卷化",阻碍了义务教育的均衡发展。职场"内卷"也是如此,处于制度化内部竞争中的打工人疲于奔命,"自我

---

① 王琛. "内卷化"及其文化心理机制分析 [J]. 深圳大学学报(人文社会科学版), 2013, 30 (5): 182-190.

压榨式"的竞争只会加速"内卷",造成内耗。"内卷"的价值也发生了异化,部分群体戏谑式、嘲讽式地使用"内卷"一词,经常不分情况、不分程度地嘲讽努力奋斗的人,这导致了积极上进却被讥讽的现象,从而逐步消解奋斗价值观。而事实上,无论在哪个时代,努力奋斗都不应该被等同于"内卷"。正如马克思的辩证唯物论所强调的,事物的发展总是螺旋式上升的。最终目标的实现要凭借日复一日的努力和奋斗,而不是简单地称之为与他人的"内卷"竞争。

第二节 你"躺平"了吗?

一、躺平:社会压力下的软性抵抗

2021年,"躺平"被《咬文嚼字》列为年度十大流行语之一。在汉语词典中,"躺平"指身体呈现平倒的状态,是与"直立"相对的概念,即平卧,引申为休息。如今,在网络上其语义已泛化为对生活和未来无欲无求、不悲不喜、不做任何抗争的态度与行为方式。专注报道中国的英文媒体Sixth Tone曾这样翻译:"Tired of running in place, young Chinese 'lie down'",即"倦于原地踏步,中国年轻人选择'躺平'",并进一步将"躺平"翻译为"得过且过就行,何必拼命"的心态。

"躺平"现象作为经济发展的阶段性产物,最早出现于20世纪70年代经济较发达的国家。日本管理学家大前研一在《低欲望社会——丧失大志时代的新国富论》一书中提到,在20世纪50—70年代日本经济快速发展,社会收入大幅度提高,日本民众的消费欲望也变得越来越强烈。然而,在20世纪90年代泡沫经济崩溃后日本陷入"失落的20年",整个日本陷入了一个消费心理和行为都非常萎缩的"低欲望"旋涡[①]。年轻一代在经济繁盛阶段过度扩张的欲望如今已很难实现,于是在经济萧条时慢慢对未来失去信心、充满恐惧,他们宣称"不想有责任""不想承担责任""更不想扩大自己的责任"。失去"大志"的年轻人呈现出"选择不拥有"倾向,他们失去了物欲

---

① 大前研一. 低欲望社会——丧失大志时代的新国富论[M]. 上海:上海译文出版社,2018:39-40.

和成功欲，主张不工作、不结婚、不生子、不出家门、不消费的"低配生活"。20世纪80年代后期英国的"尼特族"，他们不管教育水平如何，都不参与工作和教育，有的甚至靠着父母在家享受悠闲轻松的生活。此外，还有海明威在《太阳照常升起》一书中提到美国"垮掉的一代"，他们是第一次世界大战后出现不安和迷茫情绪的美国社会青年，自由漂泊、居无定所，渴望摆脱社会习俗的束缚，呈现出与现实社会格格不入且价值迥异的行为习惯。无论是英国的"尼特族"（NEET）、美国的"归巢族"（boomerang kids），还是日本的"飞特族"，这些青年群体的行为表现都是世界性的普遍现象，而当下在中国流行的"躺平"也是这类现象的延伸和发展。

事实上，中国式"躺平"并非横空出世，它与前几年流行的"丧"文化、"葛优躺"等一脉相承。"丧文化"是指青年群体中带有颓废、绝望、悲观等情绪色彩的语言、文字或图画，它是青年亚文化的一种表现形式。早在2016年，随着家庭情景剧《我爱我家》演员葛优瘫躺在沙发上的剧照被网友制作成"葛优躺"表情包，"我差不多是个废人了""漫无目的的颓废""什么都不想干""颓废到忧伤"等附在"葛优躺"图片上的文字无不例外地传递着自嘲式的信息。"躺平"一词也从这个时候开始进入公众的视野，而它正式被大众所熟知是2021年在百度贴吧"中国人口吧"中，网友"@好心的旅行家"发表了一篇题为《躺平即是正义》的帖子，分享自己的躺平生活和躺平哲学。在这篇网帖中，该网友称自己不工作，一直在玩，却"没觉得哪里不对"。这种类似于犬儒主义的思想主张，迅速在网民中引起共鸣，使"躺平"成为流行语。"躺平"的产生，不仅反映了当下社会人们面对激烈竞争时产生的社会阶层流动的焦虑，也意味着当一个社会从剧烈变迁向相对稳定状态过渡时，人们的文化价值观和社会心态发生了转向[①]。

网民常将"内卷"与"躺平"进行比较，但其实另一个网络流行语也值得关注，那就是"后浪"。该词源自视频平台Bilibili于2020年五四青年节前

---

① 陈友华，曹云鹤．"躺平"——兴起、形成机制与社会后果[J]．福建论坛（人文社会科学版），2021（9）：181-192．

夕发布的同名短视频《后浪》，视频中以"后浪"称呼新一代青年，表达对他们的认可和赞美。该视频推出后，在引发刷屏的同时，也招来不少争议；反对者认为：社会正是在不断否定和推翻前人中才有进步，所谓的"赞美"和"鼓励"可能反而是无用的鸡汤。有的媒体也指出，无论是"年轻人一无是处"，还是"你们都是对的，听你们的"，其实质都带有父辈的威严，而非真正平等意义上的理解和对话（《新京报》，2020年5月4日）。"躺平"一词正是对"青年"这一能指符号的"逆写"①，即抵抗作为"前浪"的父辈对"青年"的刻板印象，进而重塑青年自身的主体性。作为"后浪"的"90后""00后"，与父母一代相比，其价值观、人生观以及思维方式、审美情趣都发生了巨大的变化，诸如"知识改变命运""努力读书才能找到好工作"等父辈认定的生存法则对现在的青年而言已不再被奉为圭臬。

所谓"躺平"，就是在这样的代际差异背景中产生的。诚如大众文化理论家约翰·费斯克（John Fiske）所言："媒介话语传播的实质在于意义、快感和身份的流通。"②亚文化的吸引力在于其反叛性、享受主义和强调摆脱家庭、工作的束缚③。青年借助流行语"躺平"这一象征元素，建构一种摆脱社会期待束缚的身份认同，宣称身体为个体所拥有，强调"躺平有理"，在一定程度上也是在传达抵抗的意识。与此同时，"躺平"这一模因在网络上不断流传推广，通过媒介平台的接合作用，躺平青年群体以自我矮化的表达框架，与主流文化及父辈进行戏谑式的情感沟通。

二、标签式自我归类下的抱团取暖

以"躺平"为代表的青年群体拥有一套属于自己的符号表达系统，他们

---

① 阿希克洛夫特，格里菲斯，蒂芬. 逆写帝国——后殖民文学的理论与实践[M]. 任一鸣，译. 北京：北京大学出版社，2014：29.
② 费斯克. 理解大众文化[M]. 王晓珏，宋伟杰，译. 北京：中央编译出版社，2001：63.
③ 李泽厚. 批判哲学的批判[M]. 北京：人民出版社，1985：426.

将图文拼贴再创作成具有全新意义的表情包,图片的主体通常指向自己,通过"自我"的代入和调侃自嘲的方式以寻求共鸣,塑造躺平群体的具象化表达。同时,也通过对原文本中的文字符号进行模仿、挪用和改造,从而对生活现状和社会话题进行戏谑、讽刺和批判。例如,"你想干什么,我想游手好闲""我从没喜欢过工作,我的目标就是得过且过""我最擅长的事情就是一蹶不振",这些戏谑的语录不仅表达了对传统主流文化定义的成功和奋斗的抵抗,也以一种黑色幽默式的表达来颠覆主流价值观,戏谑地展现真实的生活,在发泄情绪的同时也能缓解心理压力。与"躺平"相关的表情包、流行语风靡于互联网和社交媒体,在一定程度上为"躺平"的青年群体完成了标签式的自我归类。

在后亚文化语境下,新部落成员之间情感关系的维系主要是靠共同的旨趣。以豆瓣为例,作为"以我们的精神角落为主旨"的社交媒体平台,强调以"趣缘"实现联结,在虚拟世界中积极为用户提供自我表达的机会和空间。"参与是受众自我赋权的核心,受众通过参与和互动生产融合文化而实现自我赋权"[①],从豆瓣小组的帖子内容和组内互动讨论中,我们可以发现存在着如"今天也反内卷了""普通学""躺平后起立互助小组"等青年"躺平"群体抱团取暖的情景。在这些虚拟社群的圈层中,成员有着各自的虚拟身份,通过发帖、评论等操作可以随时进行交流互动,他们自由地在小组内抒发情绪,不用担心自己的发言会被误解或者嘲讽,还能获得志同道合之人的理解与支持。"躺平"群体所体现出来的后亚文化气质是青年一代对主流文化的理解和对其自身精神体验的表达。他们运用自己的行为方式,表现一种特殊的风格,并通过这一小众群体抵抗强势的主流话语,体现了年轻人对自身身份建构的追求和确认。

---

① 吴世文. 融合文化本质与受众自我赋权[J]. 重庆社会科学,2011(3):85-88.

三、身躺心不平：在反抗中回归

"躺平"这种独特的处世态度和行为方式一经出圈，便引发社会的广泛关注和讨论，表现出两种截然相对的观点：一方面，深感社会加速和内卷压迫的年轻人热捧"躺平即是正义"，通过"躺平"来主动退出"优胜劣汰"的内卷枷锁，逃避资本对人的规训，以低欲望的生活方式来实现自我回归；另一种观点则强调"躺平可耻"，认为"躺平"是对环境的顺从、对困难的妥协、对未来的放弃，"一躺了之"的处世哲学不仅是对生活现状的无能逃避，还与时代赋予青年的责任背道而驰，会产生消解主流文化的消极后果。

然而，值得注意的是，还存在另一种"身躺心不平"的现象。马中红曾经提出，现代网络时代的青年亚文化早已褪去了冲突与抵抗的色彩，反而倾向于自我宣泄和满足[1]，甚至以"补充"主流文化的姿态出现，因此更具有后亚文化的特征。网络青年虽宣称"躺平"，但在现实生活中却不一定会选择颓废，反而更加积极乐观地面对生活。戈夫曼曾提出"拟剧论"理论，他认为"演员有意识地隐藏局部跟其本身理想形象不一致的行为、真相和动因"，而只向社会大众表现自己所愿意呈现的完美形象，从而达到美化自身的目的。可以说，高喊"躺平"只是青年群体自我戏谑下的情绪释放，是一种自我保护和防卫机制。他们只是在想象一个与奋斗的自己形成对比的"躺平"形象，借助这种自我戏谑的手段来宣泄和释放内心世界的矛盾，从而对生活理想抱以敬畏之心。因此，"躺平"之身仅仅是一种虚拟的形象，与现实生活中青年的身体是相分离的。从虚拟性这一视角来看，"躺平"这一青年形象的创设，并不具有付诸实践的价值，"躺倒的身体"所透出的"丧"的价值观取向，只是在网络虚拟空间中才显现出其奥勃洛摩夫式的乌托邦意义[2]。

---

[1] 马中红，陈霖. 无法忽视的另外一种力量——新媒介与青年亚文化研究[M]. 北京：清华大学出版社，2015：60-61.
[2] 蒋磊. "代差反讽"——网络亚文化中的代际冲突与符号表征[J]. 广州大学学报（社会科学版），2022，21（1）：103-112.

因此,"躺平"作为一种新型社会心态具有两面性,虽在一定程度上传达了消极的思想,但仍与"犬儒式"的无为思想具有很大的差异。在各个阶层都难逃焦虑的时代,"躺平"反而可能是消除浮躁的有效途径。躺平主义可以理解为一种对强制劳动的拒绝与否定,和把时间用于自我实现而非服务于外在功能的道德伦理要求[①],在某种程度上是青年的无声抵抗,同时也意味着人们的内心在逐渐回归常态。

---

① 汪行福. 躺平主义理性批判 [J]. 广州大学学报(社会科学版), 2022, 21(4): 43-53.

第三节　我"破防"了

一、破防：再嵌入社会过程中的"自反"

"破防"可谓名副其实的年度热词，不仅入选了《咬文嚼字》2021年度十大流行语，还入选了国家语言资源监测与研究中心发布的"2021年度十大网络用语"。"破防"本身为"破除防御"的缩写，早期多用于军事领域，有攻破敌方防御、取得胜利的含义，也适用于竞技类的体育比赛。"破防"也用于网络游戏中，在格斗游戏中意为使用特殊物理伤害突破了防御。2021年"破防"一词频繁登上微博热搜，现指因遇到一些事或看到一些信息后情感上受到很大冲击，内心深处被触动，心理防线被突破。从语言本体来看，在这个新用法中，"破防"并未完全脱离其本义，仍有"破除心理防御"之意。新义与原义有异曲同工之妙，涉及隐喻的运用。比如"被孔子和弟子的感情破防了"（央视新闻微博，2021年6月14日）；"'五个一百'：回望一整年让人'破防'的感动"（央视网，2022年1月29日）；"70多年后的这场'相见'，破防了"（央视军事，2022年9月26日）。"破防"通过隐喻机制，凸显本体与喻体之间的相似性，构建了丰富的语义系统——由突破有形的防线引申为突破抽象的防线，进一步引申为心理防线被攻破，再到2021年实现跨认知域的映射，引申为内心受到触动后的情感共鸣与感动[①]。

从后亚文化的视角看，青年群体自我意识的觉醒，为"破防"的产生与流行提供了可能。保罗·斯威特曼（Paul Sweetman）认为，"我们可以

---

① 李凤兰. 浅析"破防"的形成及语义拓展[J]. 语文建设，2022（1）：71-74.

将某些当代的'亚文化'实践和结构形态看作既是一个自反性（reflexive）身份的构建过程，又是一种复苏的感官享受或新部族社交方式的显现"①。在社会科学领域，自反性一是指自我对抗和消解，二是指个人理性的"反思性"。正如英国社会学家安东尼·吉登斯所言，当代社会存在显著的"脱域"现象，使得个人趋于个体化，因此人们亟待以全新的方式再次嵌入新的社会②。个体在消解中伴随着反思和自我改变，因而可以再次嵌入现代社会以实现自我认同。

与其他网络流行语不同，"破防"是青年群体情绪输出和公共表达的共同暗语，这简明扼要的两个字深刻地反映了当代青年的生活状态。"破防"一词意义的分化，是在审视和反思生活环境及后亚文化个性化表达的基础上完成的，是青年群体在抵抗和消解的过程中尝试挣脱单一的情绪化表达的实践成果。他们敏锐地感知到日益强盛的国力、快速发展变化的经济社会以及一个个社会热点事件，于是将"破防"的真实价值融入网络空间的话语表达中，使其再次嵌入社会，获得新的平衡，这可以视为一种自我能动性的生产和聚拢生活经历的过程。

二、交互场域中的同频共振

人们对事物的最初感知不是来源于共同的"观看"经验，而是通过共同的"感受"产生共同的经验指涉，进而获得某种"共同想象"，赋予某种共享的意义③。从情感维度来说，网络上情感强烈的信息更容易引起用户间的共鸣，从而促使其他用户发布情感相近的信息以表达支持④。正如霍弗

---

① 班尼特, 哈里斯. 亚文化之后——对于当代青年文化的批判研究[M]. 中国青年政治学院青年文化译介小组, 译. 北京: 中国青年出版社, 2012: 95-111.
② 吉登斯. 现代性与自我认同——晚期现代中的自我与社会[M]. 夏璐, 译. 北京: 中国人民大学出版社, 2016: 14-20.
③ 罗红杰. 弹幕文化的生成逻辑、表意实践与正向建构[J]. 深圳大学学报（人文社会科学版）, 2021, 38(6): 133-140.
④ 赵彤, 李倩, 王天然. 数字化时代下视频弹幕的影响及发展建议[J]. 电视研究, 2022(4): 107-109.

所言："一个新兴群众运动赖以吸引和维系追随者的,不是主义与承诺,而是能不能提供给人们一个避难所,让他们可以逃离焦虑、空虚和无意义的生活。"①弹幕所构建的场域是可以线上互动的交流空间,弹幕创造了一种互动文化空间,使受众在心理上易产生共鸣,同时也能产生认同感。可以说,作为信息文本的弹幕在不同文化背景下记录和展现了当代青年的情感流变,成为数字时代的标志。这一具有鲜明时代特征的流变,将情感最丰富的图谱,用最朴实的方式表达出来。

"破防了"一词是Bilibili网站(简称"B站")与人民文学出版社、中国社会科学院新闻与传播研究所联合统计评出的2021年度弹幕词。对于这个网络流行语,B站给出的释义是"表示心理防线被突破后,产生不可抑制的震动"。"破防"具有即时性、互动性和娱乐性,在"破防"表达的情绪中,既有年轻人对个人情绪的表达,也有对社会事件的共鸣。发送"破防"的弹幕让用户获得了参与感和陪伴感,他们不再仅是内容的消费者和接受方,也成为内容的生产者和输出方。无论是"过于真实"的生活日常,还是影视动画中的泪点金句,还是深夜的美食暴击,抑或看到张桂梅登上天安门城楼,穿的是送学生参加高考时的那件朴素的衬衫,只要青年群体产生了情感震动,都可以发上一条"破防"的弹幕来与不同屏幕前的用户同频共振。

三、价值演绎的两种面向

如今的"破防"有两层含义。其一表示崩溃,指行为主体因受某种触动,而突然表现出难以抑制的情绪,既有无可奈何、无能为力,又有面对冷酷现实也不言败、不放弃的坚定信心,体现出强烈的自我意识。比如,在考试失败时表示"破防就在一瞬间",在求职路上受阻时发送"今天破防了"至朋友圈,甚至游戏"吐槽"时也可发送一句"这是玩游戏破防最狠的一

---

① 霍弗.狂热分子——群众运动的圣经[M].梁永安,译.桂林:广西师范大学出版社,2011:78,189.

天"。其二表示感动与震撼,主要用于特定情境乃至国家层面的重大事件中,行为主体内心所受到的触动,这是一种既具个人化又具普遍性的情感,极易引起共情。"网络文化正在当下时代场域的传播生态中呈现出新的生长空间与运行模式,并不断塑造出新的价值面向"[1]。作为网络流行语的"破防"也是一个时代情绪的生动注脚,呈现出价值演绎的两种走向。

一方面,在一句句"破防"的网络流行语所构建的交互场域中,青年群体以年长群体不能理解的"风格"特立独行,建立起与主流文化相隔离的"自我保护墙"。青年群体使用"破防"坦然地表示自己陷入情绪失控的状态,是一种自嘲式的自我展演方式。随着互联网的发展,自嘲已成为青年群体后亚文化中的普遍现象;通过自嘲,个体以"情境定义"来预防"表演崩溃",在为观众提供娱乐的同时,也为自己编造了更多可以解释的"理由"[2]。打下"破防"一词的同时,也是在内心与社会达成一定的和解。

另一方面,"破防"成为年度网络流行语的背后,是Z世代对主流价值更强烈的认同感。当千人齐声献词祝福祖国,奥运见证中国青年的力量,"杂交水稻之父"袁隆平与世长辞之时,青年纷纷敲下"破防"二字。"真正让人'破防'的,正是'破防'一词刷屏的瞬间——正向声音高浓度汇聚,是'破防'流行语作为网络时代大众传播产物的价值所在,当我们与网友共同打下'破防'的一刻,澎湃的激情又将汇聚起更深沉的精神力量,感召更多年轻人奋进前行"(《文汇报》,2021年11月30日)。

---

[1] 王寅申,朱忆天. 后浪隐喻的出场逻辑、表现样态及其价值建构[J]. 深圳大学学报(人文社会科学版),2020,37(4):153-160.
[2] 蒋建国. 网络自嘲——自我贬抑、防御机制与价值迷离[J]. 学习与实践,2021(2):108-113.

第四节 你还在"精神内耗"吗?

一、何为"精神内耗"

内耗,本指机器或其他装置本身所消耗的没有对外做功的能量;引申为内部消耗,特指因内部纠葛而形成的无谓消耗。如"聘任制还减少了科技人员之间的'内耗',加快了科研工作的步伐"(《解放日报》,1985年3月23日);"港口群内耗引起了交通部的关注。9月10日,交通运输部在港口发展管理模式研讨会上称,要积极开展港口资源整合的探索。交通部登高一呼,长三角、海西经济区、环渤海经济圈等多个地区正在掀起港口整合风暴"(《华夏时报》,2010年11月8日)。可见,"内耗"是一个通用的汉语词,在汉语言生活中早已存在且被广为运用。

汉语词汇具有再生性,一个词又可以生成许多同类词或词组,成为一个结构相似或表义相近的词群。"内耗",可以组合成"政治内耗""外交内耗""情绪内耗""家庭内耗""自我内耗""社交内耗"。如:

中国幅员辽阔,人口众多,且城乡之间、地区之间发展不平衡,差异较大,因此,保证政权稳定对中国意义非同寻常。只有保持政权的稳定,才能聚精会神搞建设,一心一意谋发展;才能使国家现代化的发展战略和奋斗目标,在长时间里得以一以贯之地实行;才能减少各种不必要的或不应有的政治内耗,最大限度地调动一切积极因素,集中一切资源、力量和智慧,解决关系国计民生的重大问题,保证经济社会的可持续发展(北京大学CCL语料库)。

欧洲一些国家领导人,如当时的法国总统希拉克、意大利总理普罗迪、德国总理施罗德、西班牙首相萨帕特罗等,先后在不同场合提出了对外"多边主义"战略思想。其核心内容是,减少因成员国利益不同而产生的"外交内耗",提高欧盟整体对外行动能力,在此基础上改变冷战时期长期奉行的"对美国一边倒"政策,推行"多边主义"外交①。

为什么许多创作者看起来都是"癫狂"的呢?也许艺术创作离不开自身的经历,更离不开一遍遍自我剖析审视、一遍遍洞悉世界。在这个过程中或许会有一些人由于累积了过多无可消解的矛盾而不堪重负。这让我想起书中的一句话:"他性格的熵值太高,可能累积到一定程度,便会自我内耗。"这句话中的"熵值"一词特别有趣。作为描述一个系统中无序程度的变量,只会增加或不变,不会减少,这让人联想到矛盾与心性的关系。或许人与矛盾相处并没有固定答案,相斥或是相容,只要活出自己就好②。

"文字讨好症"悄然流行:是社交内卷,也是社交内耗?数字化社会中人与网络的关系紧密且难以剥离,随着对手机的依赖性逐渐增强,人们已经陷入了媒介设定的数字化场景之中。一方面,我们几乎每天都在接收"文字讨好症"的相关信息;另一方面,我们几乎每天都需要切换到"文字讨好症"状态,以完成某些必要的交流。本质上这也是数字化生存带来的一种困境,或者说内耗。(新京报传媒研究,2022年10月12日)。

此外,还有"结构性内耗"与"功能内耗",如:

在组织内部,竞争是一种最活跃的因素和力量,具有使组织系统不断发生变化的功能。这种功能既可以使组织系统发生进步性变化,使组织的作用充分发挥出来,也可以使组织系统发生破坏性变化,造成组织系统的不稳定,产生结构性内耗与功能内耗。合理竞争要求部门之间形成一种正常的竞争关系,求同存异,互相支持,密切合作,千帆竞发,百舸争流,最大限度地发挥积极性和创造性,努力实现组织系统的整体目标。(北京大学CCL语料库)

近年来,由"内耗"又引申出一个新的词语组合"精神内耗",被并

---

① 申义怀. 浅析欧盟对外"多边主义"战略[J]. 现代国际关系,2008(5):39-43,57.
② 辜芷妍. 风没有翅膀[M]. 北京:北方文艺出版社,2019:206.

大众媒介语言研究

《咬文嚼字》列为2022年度十大流行语,意为精神上、心理上无用的消耗,若长期存在有害身心健康。如:

在群体心理学中,人们把社会或部门内部因不协调,或出现矛盾而造成的人力、物力等方面的无谓消耗以及由此而产生的负效应,称为内耗效应。近年来,随着人们认知领域的拓展,精神内耗、自我内耗、个人内耗等话题的讨论也逐渐增多。精神内耗是什么?我们或曾有过这样的感受:遇到困难先慌了、没做事情先急了,导致没干什么就累了,工作劲头磨没了,最终事与愿违。通俗地讲,就是"想得太多"惹的祸。处在这种心理状态下,干事创业、创先争优的积极性和创造性难免受到影响。(《解放军报》,2019年8月29日)

从心理学角度来说,拖延是一种严重的精神内耗,也就是自己与自己的内斗。这种自我消耗是很痛苦的:明明很着急,很想行动,却像着了魔一样无法动弹,仿佛深陷泥潭,内心焦虑无比。没有任何有形的束缚自己,分明是自由的,却因为内心陷入囹圄,导致大脑无法驱动身体。这种现象跟抑郁症的症状,有高度的相似之处[①]。

在新媒体时代,媒体对社会生活中的语言实践表现出高度的敏感,只要有新生词语活跃于大众的语言生活中,媒体随之就会关注,并在传播中起到推动或引领作用。如"精神内耗"一词出现后,《人民日报》即于2021年11月26日发表了#精神内耗有多累#的话题微博:

觉得一天没做什么却很累?可能你一直在"精神内耗"。过于在意他人的看法,别人一句话就在心里想半天;总是纠结,浪费时间又牵扯精力;容易自我攻击,经历点失败就自我贬低……别在不值得的人和事上浪费时间了,调整心态,控制情绪,新一天,好好爱自己。

该微博发布后引起广泛的共鸣,获赞超10万次。次年5月26日,《人民日报》再次发表#停止精神内耗的9个建议#的话题微博,列举了精神内耗的

[①] 倪彩. 自我疗愈心理学——应对各种日常心理问题的策略[M]. 北京:中国纺织出版社,2021:174.

几种表现：整日焦虑、一直拖延、在意评价、反复纠结、苛求完美、过度自责、害怕拒绝、压抑情绪、自我怀疑。但真正让"精神内耗"这个词爆火而成为流行语的，是视频播放和社交媒体平台B站上一科普up主在2022年7月25日上传的一个视频《回村三天，二舅治好了我的精神内耗》。

视频讲述的是该微博博主的"二舅"。"二舅"本来是村里的天才少年，十几岁时因为发烧，被村医连扎了四针后落下残疾，行走不便，后来自学木工谋生。"二舅"一生未婚，收养了一个女儿，现在独自照顾生活不能自理的母亲，还成了村里的"维修多面手"。此视频最初是在B站上发布的，因B站的主要用户群体是"Z世代"的年轻人，时长仅11分钟的短视频传播模式正好契合了B站的受众群。此后，经由各微信朋友圈转发，继而登上微博热搜，得到多个社交媒体、视频平台的联动传播，最终在网络上发酵，获全网刷屏。同时，也引起了官方媒体的关注，对相关话题进行了整合收编，《光明日报》《人民日报》等主流媒体参与转发了相关话题并发表评论。如《光明日报》微博客户端评论如下：

【#二舅的视频为什么感动我们#】昨夜开始，一则名为《回村三天，二舅治好了我的精神内耗》的视频，在朋友圈刷屏。up主"@衣戈猜想"透过文学性的旁白与画面，记录下二舅苦难而饱满的一生。"万物有灵且美。"虽然这样的评价未免有些居高临下，但很多人就是这样一边哭着、一边笑着，刷完了这个视频。正像马丁·布伯在《我和你》中说的那样，每个人都生活在双重世界中。一个是"我与它"的世俗世界，一个是"我与你"的灵性世界。"我与它"的世界，带有明确的目的性、功利性；而"我与你"的世界，不带任何企图。心与世界相遇，它可以治愈物欲横流，以及由此带来的精神问题。"二舅"对你、我——每一个看过这个视频，被感动、被治愈的人的意义，就在于一个在世俗世界中不见得那么成功的男人，却有一个完整而丰盈的灵性世界。他生活在生活之中，却活在了生活之上。（《光明日报》微博客户端，2022年7月26日）

《人民日报》微博客户端也于同日发表了相关评论：

【#你好，明天#】近日，一则记录二舅艰难而饱满人生的视频，引发热议。面对命运冷峻的玩笑，二舅没有躺倒。不是苦难成就了二舅，而是他挫败了苦难，隐忍、坚韧且有热忱，一手绝活撑持家庭，也撑起生命尊严。这是一个人的生存史，也是一个群体的心灵史，选择了庄重自强也就选择了丰润豁亮的生活。

据《人民日报》统计，截至2022年7月27日，"二舅"相关话题阅读量达到5.8亿次。

该视频之所以获得高度的关注，主要有两方面原因：

一方面，是因其传播渠道主要为社交媒体平台。社交媒体上的视频用户并非是单纯的"吃瓜群众"，而同时是信息再生产的主体。在围观"二舅"这一故事的媒介实践中，人们围绕"精神内耗"这一议题而展开讨论，在观看者与视频创作者、观看者与观看者之间的互动中，体现了个体价值观的碰撞。正如个体的情境是充满符号的场域，符号的使用和接收需建立在意义共享的基础之上，而陌生人社会中的情境互动有赖于符号载体来完成[1]。因此，通过点赞、评论、回复、转发、发弹幕等互动行为，网民共同构建了反思"精神内耗"的符号及意义共享与互动场域。比如，其中有一则评论说道："我四肢健全，年轻力壮，却经常怨天尤人，不思进取，得过且过，安慰自己说过了努力的年纪了。其实身边缺乏像二舅这样的榜样，让自己对生活充满希望，永远只做好当下的事情。"针对此条评论，点赞人数过万，回复超过百条，如"我也是，看完五味杂陈，明明我拥有的客观条件比二舅好那么多，但我唯独没有他那样挑战生活的勇气"。如此，通过网民们的媒介实践，实现了信息的二次生产与传播。

另一方面，也因视频内容不仅引发了广泛的共情，还在于其有一定的"疗愈"功效。"二舅"的一生虽然遭遇了诸多不幸，但他"从不回头看"，从未被打倒，无论遭遇何种困境依然积极地生活。"二舅"的故事"治好"了博主的"精神内耗"，同时产生了广泛的共鸣。

---

[1] 陈刚. 作为竞争与疗法的叙事——疫情传播中个体叙事的生命书写、情感外化与叙事建构[J]. 南京社会科学, 2020（7）: 97-106.

无数网友的眼睛,被这条像纪录片一样的视频带领着,神思各种链接。"二舅"家贫,但却能做出当年时新的组合家具,让妹妹体面出嫁;他身残,但整个村子,东家的水龙头、西家的电插座,除了电脑、智能手机,他啥都会修;在离镇子老远的村里,他成了大家靠得住、离不开的"智多星";他不结婚,因为他感到"只顾得住自己",但当面对一次次被抛弃的宁宁,却选择了父女缘分;他这样逼着88岁的老母亲锻炼:老母亲走20步就停下来歇10秒,而残疾的他每走20步就落后母亲3米,而赶上这3米正好10秒……(《新民晚报》,2022年7月27日)

　　人生而艰难,身处逆境是常态,每个人在生命的历程中都会经受许多磨难,而如何面对这些磨难,却是对人极大的考验。所以,"二舅"的遭遇既是个体的,也是集体的,既有个性,也有共性,人们在关注"二舅",实则也是在内视自己,在感叹"二舅"的积极人生的同时,也是在给自己寻找一份精神支撑。

二、从显性内耗到隐形焦虑

　　"日常生活中的一系列心理困扰常被来访者们称作'精神内耗',在心理咨询的视角,通常把这些'精神内耗'称作'焦虑带来的心理反应'。"(《健康时报》,2022年8月5日)精神内耗其实是精神焦虑的反映,就像迈瑞·鲁蒂(Mari Ruti)描述的那样:"如果说有一种不好的感觉似乎抓住了我们这个时代的本质,那就是焦虑,它似乎浸透了我们呼吸的空气。"[①]不论是"今天我在群里说话,大家都不回复我,是不是我说错什么话了"的社交内耗,还是"白幼瘦"异化审美下过度追求"A4腰"的颜值内耗,或是因"好像今天什么都没干"而感到忧愁的工作内耗,从中均可以看出,这种显性内耗往往带有焦虑性质。隐形焦虑逐渐成为现代人的情绪基调,成为时

---

① PUTI M. Penis envy and other bad feelings: the emotional costs of everyday life [M]. New York: Columbia University Press, 2018: 167.

代的心理氛围,遁形于社会生活的各个角落。

当今社会焦虑文化的产生机制固然复杂,但主要缘于两个因素:一是社会不断生产难以实现的期待和欲望,二是现代社会不确定性下个体的无力感①。从个体焦虑到社会焦虑、从社会焦虑到结构性焦虑,这一趋向可以指向更为隐秘的社会现实②;政治、文化、技术、媒介、商业等要素交互作用,共同催生并加剧了现代社会的精神内耗。

诚如舍勒所指出:"我们一直在将自我价值或我们的某一特性与别人身上的价值加以比较;每个人都在攀比:雅人和俗人、善人和恶人。"③比如,有网友写道:

这段时间刷"小红书"刷多了,天天给我推送有关减肥和外貌焦虑的话题。看到很多人已经很瘦了还在减肥,明明很漂亮也不敢穿喜欢的衣服,还有各种各样的帅哥美女,不知不觉我就被焦虑感染了。昨天下午我不停照镜子,觉得自己胖了体态也不好,穿衣服不好看,觉得自己是不是太自信了?是不是不应该买漂亮衣服?④

个体生活在社会网络中,习惯于通过"比较"来确定自己的位置,而现代社会的人际交往、社交平台的渗透以及大众传媒的参与,均扩展了人们相互比较的深度和广度。

渴望超越他人的欲望诞生于各类比较之中,并催生出当代社会的"竞争制度"。商品经济发展是促进生产、资本各要素流动,增进社会互动、拓展个体认知的重要契机,因此,现代社会关系的形成始终离不开一种基于资本

---

① 袁光锋,李晓愚. "最近比较烦"——论焦虑文化的社会生成机制、对抗实践及其后果[J]. 西北师大学报(社会科学版),2022(5):72-80.
② 张慧,黄剑波. 焦虑、恐惧与这个时代的日常生活[J]. 西南民族大学学报(人文社科版),2017(9):6-12.
③ 舍勒. 价值的颠覆[M]. 罗悌伦,林克,曹卫东,译. 北京:生活·读书·新知三联书店,1997:17.
④ Momo. 内人分享|内耗人卸载了小红书[EB/OL]. [2022-06-21]. https://www.douban.com/group/topic/269316851/?_i=76673911.

利益竞争的文化逻辑①。而利益逻辑在增进社会互动的同时，也影响了个体社会互动的性质与目的。在比较、超越、竞争的价值链条中，"失败者"陷入精神内耗，渴望"咸鱼翻身"；即便是"胜出者"，亦担心被超越，因而加剧精神内耗。

现代社会带有竞争性的生存方式激发了各式各样的欲求，在社交媒介的渲染下，个体对无法把控自身所处位置的无力感与日俱增。事实上，这种"焦虑文化"由来已久。中国当下的社会焦虑是一种本体性的焦虑，改革开放后，原来所依随着祛魅而退场，市场经济唤醒的个体自我又因为新的文化价值认同缺失而走向极端，致使灵魂不知栖息何处②。社会物质越来越丰富，社会可以提供的消费项目和机会也层出不穷，精致化的生活理想越来越成为许多人特别是一些年轻人的人生目标，社会流行的观念也大量输送着这样的信号③。总体而言，现代社会文化价值认同的缺失、个人价值的虚无感是隐性社会焦虑的内在原因，并外化为精神内耗。

"二舅"如何治愈博主的精神内耗，进而缓解都市人的精神内耗？短视频的传播特征和叙事逻辑使其成为承载个体叙事的重要传播形式。现代叙事伦理主要有两种：人民伦理的大叙事和自由伦理的个体叙事。相较于人民伦理的大叙事，自由伦理的个体叙事讲述的是一个个具体的偶在个体的生活事件和生命想象，旨在抱慰、伸展个人的生命感觉④。第一视角叙述个体经验和生命经历的个体叙事，具有朴实而真挚的生命写作（life-writing）意味，其叙事话语特征主要表现为私人话语的使用⑤。"二舅"个体叙事与生命写

---

① 徐律. 社会焦虑何以可能——一项基于个体性视角下的反身性探索［J］. 浙江学刊，2021（4）：172-182.
② 倪稼民. 灵魂栖息何处——中国式社会焦虑之文化根源［J］. 探索与争鸣，2012（7）：15-16.
③ 郭增花. 信息时空感知下的社会焦虑与幸福［J］. 西南民族大学学报（人文社会科学版），2022（4）：213-220.
④ 刘小枫. 沉重的肉身——现代性伦理的叙事纬语［M］. 上海：上海人民出版社，1999：7.
⑤ 陈刚. 作为竞争与疗法的叙事——疫情传播中个体叙事的生命书写、情感外化与叙事建构［J］. 南京社会科学，2020（7）：97-106.

作中的私人话语极具个人化色彩，且语言朴实直白，真情流露，充满对人生态度的感悟和"精神内耗"的反思。

  到了两个妹妹出嫁的年纪，二舅心里很不舍。二舅有自己的表达，大姨和我妈结婚时的所有家具，每一张图纸、每一块木板、每一块玻璃、每一根装饰条、每一个螺丝、每一遍漆，都是二舅一个人完成的……姥姥家这么穷，妹妹出嫁有这么一套家具，婆家也会高看一眼，也许就会更好地对待自己的妹妹。你可能说我在吹牛，因为这是上海牌的家具，但你忘了这是我的二舅。二舅总有办法。什么牌子他都能给你贴上，你还要什么牌子，他还有天津牌、北京牌、香港牌。

  视频聚焦于与"二舅"相关的、具有视觉或情感冲击力的奇闻轶事，但这种个体叙事又极具日常化、生活化色彩，让身处现实焦虑中的观者能够很自然地与"二舅"这一被"苦难"裹挟却乐观面对生活的人物和情境产生身份认同与情感共鸣。

  我们致敬二舅那坚韧的生命力，感叹他豁达通透的人生观，悲悯他身处社会的底层、边缘，却羡慕甚至嫉妒他仍拥有一颗向善、向上、自强的心和一个内心丰盈而完整的"小世界"。面对充满遗憾的人生，他依然活得自洽而简单。虽然二舅的这幕人生剧场景不大，却充满向上生长的张力和韧性。正是这些坚固的东西，让许多人破防，继而自惭形秽。也让更多的人思考和追问自己，什么样的生活姿态才能抵得住人生无常，经得住潮起潮落？（央广网，2022年9月1日）

  "反思精神内耗""乐观面对苦难"等这些在媒体中常见的宏大话语和修辞，在个体的叙事中则更直观具体、更具个人情感。借由该视频，观众实现了对自身境遇的重新审视与建构，完成了一次情绪的释放与宣泄，缓解了因现实压力而导致的精神内耗。

  66岁的老汉随身携带88岁的老母，这个"6688"组合简直是酷得要死。这几年二舅木工活也不做了，全职照顾姥姥，早上给姥姥洗脸，晚上给姥姥洗脚，下午给姥姥锻炼。姥姥每走20步就坐下歇10秒，二舅每走20步就会落后姥姥3米，赶上这3米正好需要10秒……接着走。这么默契的走位配合，我上一次见到还是在乔丹和皮蓬身上。乔丹喜欢给皮蓬送"超跑",二舅喜欢给姥姥蒸面条,再浇上点西红柿炒鸡蛋。

"二舅"治愈都市人的"精神内耗",何以可能?视频中二舅"苦难的一生"的根源在于小时候因医疗事故导致了腿残疾。视频作者认为"如果不是当年发烧后的那四针,'二舅'可能已经考上了大学,成为一名工程师",过着与现在截然不同的人生。生命叙事的心理疗愈是在特定的情境和过程中,通过"对话"和"关系建构"来实现的[①]。"瘸腿""学历不高""终身未婚"的"二舅"通常被认为是承受苦难的人物,但却用自我学习、增值的形式,表现出个人命运悲恸之外的乐观。个体通过对视频故事的讲述和生命经验的书写将社会内在的"精神内耗"焦虑转化为外在的、可以被感知的符号文本。

在我们的习惯认知中,苦难须得与辉煌相配,才能不辜负这份苦难以及苦难背后的挣扎。这也是社会上升期的惯性思维。但在"二舅"的身上,我们看到了苦难与挣扎背后的融通与高贵——自我消化、自我排遣、自得其乐,这一份智慧对被内卷、焦虑、抑郁与恐惧攫住内心的年轻人尤为重要。(《光明日报》微博客户端,2022年7月26日)

"二舅"的故事之所以能击中人心、治愈观者的精神内耗,其原因正如该博主在视频最后所言:

都说人生最重要的不是胡一把好牌,而是打好一把烂牌。二舅这把烂牌,打的是真好。他在挣扎与困顿中表现出来的庄敬自强,令我心生敬意。我四肢健全,上过大学,又生在一个充满机遇的时代,我理应度过一个比二舅更为饱满的人生。今天二舅还在走自己的人生路,这条长长的路最终会通往何处呢?二舅的床下有一个几十年前的笔记本。笔记本的第一页是他摘抄的一句话:"下定决心,不怕牺牲,排除万难,去争取胜利。"是的,这条人生路最后通向的一定是胜利。

---

① 宋素丽. 基于"对话"和"关系建构"的叙事心理治疗——纪录片心灵疗愈功能探析[J]. 艺术教育, 2017 (13): 21-23.

三、心灵何处安放

话语是价值理念的具体表征，是价值内容的传播载体，是价值情感的外化媒介，话语只有置于具体的社会文化语境中"才会被赋予符号之外的规范力量和社会意义"[①]。从另一角度看，尽管人们惯常使用"精神内耗"以描述自身的矛盾心态，但事实上人们在使用该词时往往处于"基于个体性视角下的反思"状态。微博平台流量大、年轻人多、互动性强，是观点聚集的互联网阵地，拥有强大的舆论影响力，为公众的观点表达和情绪宣泄提供了便利和空间。微博话题是聚集流量的重要媒介传播方式之一，大众以草根身份参与话语的生产和传播，与主流话语、媒介语话联合互动，从而产生了强大的舆论影响力，共同"运营"的话题将单薄的个体汇聚成具有共同目标的群体。

比如#二舅治好了我的精神内耗#话题至今已有10.6亿次的阅读量，超30万人参与讨论，网友在话题下纷纷称赞该视频的"疗愈性"，并反思自身的生活。

视频中有句话，被很多人转发到朋友圈，"这个世界上第一快乐的人是不需要对别人负责的人，第二快乐的人就是从不回头看的人。"往事如烟，不纠结于过去、不沉沦于遗憾，我们才能拥有往前走的动力……二舅真的能治愈我们的精神内耗吗？实际上，我们应该学习的是二舅对生活的豁达态度。日常生活之中，我们常常会给生命的诸多节点赋予很多意义，在未经世事之前，这些意义看起来似乎是虚浮的、远离现实的；但在经历时间的洗涤之后，人们或许才能明白其中的要义。这也是"二舅的人生"之所以打动人的原因之一。（《红星新闻》微博客户端，2022年7月26日）

其实"精神内耗"类似于项飙所指称的"悬浮"状态。

当今人们似乎都在追求一个更好的明天，认为未来始终是美好的，但对

---

① 李洁. 智媒时代思想政治教育话语发展的算法逻辑［J］. 思想理论教育，2022（3）：84-89.

于未来是怎样的,人们并不清楚。在这场时代的高速流动中,人们将自己的社会主体性、政治主体性悬置起来了,人们"悬置"了太多对当下的关注、对当下价值的关注。(《界面新闻》,2018年8月13日)

因此,在精神内耗相关话题的讨论中,#拒绝精神内耗#、#停止精神内耗#、#感受风与自由,拒绝精神内耗#、#如何减少对自己的精神内耗#等话题的阅读量居高不下。从"全民围观"到"自救互救",人们也在思索"拒绝精神内耗"的有效通路。

鲍曼认为,共同体被寄予了"避难所"的期待,作为一种想象的安全感维系着使群体"看见"彼此[①]。这种"精神内耗互助"在社会化公共空间展现出非结构化、去中心化的特征。除在相关话题发表观点的网民外,还有部分在"围观"中对某些观点、评论加以点赞、转发、评论的网民,他们以此形成了互助阵营。比如在#拒绝精神内耗#话题中,有网友提出:

摆脱焦虑和精神内耗的第一步,就是勇敢接纳不完美的自己,接纳遇到困难想逃避的自己,接纳一时冲动做出决定的自己,接纳一路走来磕磕碰碰的自己;不要去在意他人的眼光和评价,降低对未来不确定的恐惧,勇敢接纳生活的变化。[②]

旁观大众的"扩散"加速了信息在公共空间的流动,最终形成携带意义的"精神内耗互助景观"。

《光明日报》曾发表一篇文章,题为《引导青年人远离"丧文化"侵蚀》,将大众生活中流行的"丧文化"引入主流文化视野。文章认为,这种"以自嘲、颓废、麻木生活方式为特征"的文化,虽有调侃、解压之用,但长期浸润其中仍将带来心灵的危害,故而需要引导青年人远离"丧文化"的侵蚀(《光明日报》,2016年9月30日)。具有"盲目攀比、计较琐事、放任嫉妒、妄自菲薄、心浮气躁、怯懦自卑、害怕改变、反复抱怨、纠结拖

---

① 鲍曼. 流动的现代性[M]. 欧阳景根,译. 北京:中国人民大学出版社,2018:59.
② Amazing. 做个梦给自己[EB/OL].[2022-10-30] https://m.weibo.cn/2500157950/4865935163529411.

延"(《人民日报》微博客户端，2022年6月17日)特性的"精神内耗"，自诞生起就颇具"丧"的气质；但社会大众已经关注到了这一心理现象，就表明存在价值观引导的创新契机。

　　日本作家村上春树曾说过："人生的痛楚往往难以避免，而磨难则可以选择。"人生所经历的身体和心理方面真实的痛是难以躲避的；但面对生活的磨难，每个人的感受和态度却是可以不同的，也就是可以选择的。精神焦虑不是现代社会的独有产物，古已有之，只是在高速发展的现代社会更加凸显而已。因此，如何对待"精神内耗"是一个值得思考的问题。可以说，单从语言的层面难以回答这个问题，终究要从社会文化深度进行探讨，或许才能拨开一丝云雾。何处是归途，心安是归处！

附录　常用字母词表

A级字母词表

词目	释义
B超	B型超声诊断的简称，即超声显像法。
B股	我国上市公司的股票有A股、B股等的区分。B股的正式名称是人民币特种股票。
CBD	central business district的首字母缩写，即中央商务区。
CT	computerized tomography的首字母缩写。指计算机体层成像（技术）。
CEO	chief executive officer的首字母缩写。指首席执行官。
CPI	consumer price index的首字母缩写。指消费品物价指数。
DNA	deoxyibonucleic acid 的缩写。学名叫脱氧核糖核酸。
E-mail	电子邮件。
GPS	global position system 的首字母缩写，即全球定位系统。
GDP	gross domestic product 的首字母缩写，即国内生产总值。
IC卡	integrated circuit（smart card）的缩写，即集成电路卡（智能卡）。
CCTV	China Central Television 的缩写。指中华人民共和国中央广播电视总台，简称中央电视台。
IP地址	internet protocol的首字母缩写，即网际协议地址。
IT	information technology的首字母缩写。指信息技术。
KTV	K指卡拉OK，TV是英语television的缩写。指一种高级娱乐包房。
NBA	National Basketball Association首字母的缩写。指美国的全国篮球协会。
LED	large electronic display的首字母首字母缩写。指大型电子显示屏。

续上表

词目	释义
PK	player killing的缩写。指对决。
PM2.5	particulate matter的缩写。指细颗粒物。
QQ	一种流行的中文网络即时通信软件。
POS机	point of sale/point of sale terminal的缩写。指顾客付款机。
SUV	sport utility vehicle的缩写。指运动型多功能车。
UFO	unidentified flying object的缩写。指不明飞行物。
VIP	very important person的缩写。指贵宾。
WTO	World Trade Organization的缩写。指世界贸易组织。
X光	爱克斯光（X-ray）。
3G	第三代移动通信系统。
AA制	指聚餐后费用平均分摊，各人各自付账的方式。
4S店	全称为汽车销售服务4s店（automobile sales service shop），是一种集整车销售（sale）、零配件（sparepart）、售后服务（service）、信息反馈（survey）四位一体的汽车销售企业。
CD	computer disc的首字母缩写。指激光唱片。
BBS	bulletin board system的首字母缩写。指公告板系统，是网上最著名的信息服务之一。
DVD	digital video disc的首字母缩写。指数字式通用光盘。
BRT	busrapid transit的缩写。快速公交系统，是利用现代化大容量专用公交车辆，在专用道路上快速运行的新型公共交通方式。
MBA	master of business administration的缩写。指工商管理学硕士。
MP3	全称是mpeg layer 3，指美国最大的线上音乐服务提供的一套数字音频压缩格式。
MP4	Global Music Outlet（全球音乐网站）提出的另一种全新的数字音频压缩格式。
OK	行，可以。
T恤衫	一种短袖针织上衣，略呈T形。
U盘	优盘。U，英语USB的第一个字母。

续上表

词 目	释 义
3D电影	D是dimensional的首字母，3D即3维。3D电影指3维电影，一般称立体电影。
SIM卡	SIM是subscriber identity module的缩写，用户标识模块。指用户身份识别卡。
3G手机	G是generation是首字母，即第三代手机。
卡拉OK	caraoke的音译词。20世纪70年代中期发明于日本，是一种自动伴唱机。
ATM机	automatic teller machine的首字母缩写，即自动取款机，也叫自动柜员机。
A股	我国上市公司的股票有A股、B股等的区分。A股的正式名称是人民币普通股票。

B级字母词表

词目	释义
IQ	intelligence quotient的首字母缩写。指智力商数。
阿Q	鲁迅著名小说《阿Q正传》的主人公，是"精神胜利者"的典型。
甲A	足球或篮球联赛的甲级A类队。
维生素A	维生素的一种。
维生素D	维生素的一种。
USB	universal serial bus的缩写。指通用串行总线。
ABC	①原指教字母的课本abecedarium，即字母入门。②指某一基础知识或浅显的道理。
A级	A是拉丁字母的第一个字母。国际上用A级表示产品优等。
FM	frequency modulation的缩写。指调频。
G20	Group of 20，二十国集团，是由八国集团财长会议于1999年倡议成立，由中国、韩国、印度、美国、英国、加拿大、德国、意大利、法国、俄罗斯、日本、欧洲联盟、印度尼西亚、墨西哥、南非共和国、沙特阿拉伯、土耳其、澳大利亚、阿根廷、巴西20个国家和国际组织组成。
G8	Group of 8，八国集团，包含美国、日本、法国、英国、德国、意大利、加拿大、俄罗斯。
GMP	good manufacturing practice的首字母缩写。指药品生产质量管理规范。
B2B	business-to-business的缩写，也作B to B。指电子商务中企业对企业的交易方式。
B2C	business-to-customer的缩写，也作B to C。指电子商务中企业对消费者的交易方式。
BTV	book television的缩写，即书籍电视直销。
X光机	一种能生成X光的机器设备。
CDMA	code division multiple access的首字母缩写，即码分多址。
CEPA	Closer Economic Partnership Arrangement的缩写。指我国内地与香港、澳门关于建立更紧密经贸关系的安排。
CPU	central processing unit的首字母缩写，即中央处理器。

续上表

词 目	释 义
DIY	"Do it yourself"的首字母缩写,即"自己动手做"。
DJ	disc jocker的首字母缩写,即流行音乐播音员、节目主持人。
DV	digital video的缩写。数字视频,也指以这种格式记录音像数据的数字摄像机。
EMBA	executive master of business administration的缩写。指高级管理人员。
EMS	express mail service的首字母缩写。指邮政特快专递。
X光片	利用X光拍摄的照片。
GSM	global system for mobile communication的缩写。指全球移动通信系统。
HIV	human immunodeficiency virus的首字母缩写。称为艾滋病病毒。
H股	Hong Kong的首字母。指在香港上市发行的股票。
IBM	international business machinese的首字母缩写。指国际商用机器公司。
ICU	intensive care unit的首字母缩写。指重点护理组,也称为危重病医学。
IPTV	internet protocol television的缩写。网络电视,是基于IP协议的电视广播服务,人们可以通过宽带网络交互式地收看电视节目。
MTV	music television的缩写。音乐电视节目,也称音乐电视。
Wi-Fi	一种短距离高速无线数据传输技术,主要用于无线上网。
ISO	international standardization organization的缩写。指国际标准化组织。
K粉	ketamine的缩写。一种常见毒品,即氯胺酮。
K歌	唱卡拉OK。
K金	karat的简写,由宝石的重量单位"克拉"(carat)派生出来。
K线	记录单位时间内证券等价格变化情况的一种柱状线,分为实体和影线两部分。实体两端分别表示开盘价和收盘价,上下影线两端分别表示最高价和最低价。依时间单位的长短可分为日K线、周K线、月K线等,也可用于表示市场指数等。
LCD	liquid crystal display的首字母缩写。指液晶显示屏。
M1	狭义货币供应量。M1=M0+非金融性公司的活期存款。

续上表

词目	释义
MSN	是一种internet软件，它基于microsoft高级技术，可使人们更有效地利用web。
NGO	non-governmental organization的缩写。指非政府组织。
PE	① price-earnings ratio的缩写。指市盈率。② polyethylene的缩写。指聚乙烯。
pH值	pouvoir Hydrogen。指氢离子浓度指数。
PS	photoshop的缩写。指用photoshop软件对照片等进行修改泛指用软件对原始照片进行修改。
PVC	poly vinyl chloride的缩写。指聚氯乙烯，一种低解性硬塑料。
QDII	qualified domestic institutional investor的缩写。指合格境内机构投资者。
QFII	qualified foreign institutional investor的缩写。指合格境外机构投资者。
SOS	save our souls（ship）的缩写。是国际通用的遇难求救信号。
QS	quality safety的缩写。指质量安全。QS标志是食品质量安全市场准入标志，表明食品符合质量安全基本要求。
SARS	severe acute respiratory syndrome的缩写。严重急性呼吸综合征，即"非典型肺炎"。
24K	24K（金）。
18K	18K（金）。
4G	the 4th generation mobile communication technology，即第四代移动通信技术。
SNS	① social networking service的缩写。指社交网络服务，一种旨在帮助人们建立社交网络的互联网应用服务。② social networking site的缩写。社交网站、社交网。
SOHO	small office/home office的缩写。指家庭办公室、家庭企业。
SPA	水疗。
TV	television的内部字母缩写。
VS	versus的缩略变体。表示比赛等双方的对比。
WAP	wireless application protocol的缩写。指无线应用协议。

续上表

词目	释义
WHO	World Health Organization。指世界卫生组织。
X射线	一种穿透力很强的光线，对其不甚了解，就用未知数X来命名。
X线	X光射线。
API	atmosphere pollution index的首字母缩写。指空气污染指数。
维生素C	维生素的一种。
IE	① industrial engineering的缩写。指工业管理。② information extraction的缩写。指信息摘录。
A4	A4规格打印纸，尺寸为210mm×297mm。
AAA级	①也作"AAA"。是由评信机构对债务人的偿债能力及其所发行的债券做出的等级评定。AAA级表示债务人具有非常强的还本付息能力，购买这类公司所发行的债券几乎没有风险。有些评信机构以Aaa或Triple A表示这一等级。②用于中国风景区的评级。其中，国家AAAAA级旅游景区是我国风景区中级别最高的，而AAA级次于AAAAA级和AAAA级。
维生素B_1	维生素的一种。
ADSL	asmmetrical digital subscriber line的首字母缩写。指非对称数字用户线路。
4D	4D film。根据闵可夫斯基的理论就是在3D上加入了时间的概念，时间与空间相结合就成了所谓的4D时空。
BP机	指无线寻呼机。
CCC	China Compulsory Certification的缩写。中国强制性产品认证，也叫3C认证。
EB病毒	erythro blast的首字母缩写。即成红血球细胞。
EQ	emotion quotient的首字母缩写。指感情商数，简称情商。
F-16战斗机	美国的一种战斗机。
Flash	网页制作与动画创作的专业软件。
ID	identification的简写。指标识（符）；识别；身份。
IDC	Internation Data Corporation的首字母缩写，即国际数据公司。
LOGO	标志；徽标；标识语。

续上表

词 目	释 义
IT界	从事电子信息技术方面产业的成员的总体。
IT企业	信息技术企业。
IT业	信息技术行业。
MPA	master of public administration的缩写。指公共管理学硕士。
NASA	National Aeronautics and Space Administration的缩写。即美国国家航空和宇宙航天局。
NBC	National Broadcasting Co.Inc.的缩写，即美国全国广播公司。
NG	no good的缩写。不合格，不好。影视摄制中的术语，常在拍摄的镜头没有过关时使用，这类镜头也称为NG镜头，有时会作为拍摄花絮播放。
OA	办公自动化。
OTC	over the counter的缩写。非处方药。指不需要凭执业医师处方即可自行判断、购买和使用的药物。
O型	以拉丁字母O的形状来形容某些事物的样子。
O型血	红细胞中两种AB凝集原都没有的血型类别。
PPT	microsoft office powerpoint的缩写。指微软公司的演示文稿软件。
PT	particular treatment的缩写。指面临摘牌处理。
SAT	scholastic aptitude test的缩写。指学术才能测验。
SCI	science citation index的缩写。指科学引文索引。
ST股	特别护理（special treatment）的股票，即业绩特别不好的股票。
UPS	uninterruptable power supply的缩写。计算机的一种附属设备。
TCL	Today China Lion的缩写。"今日中国雄狮"，是我国一家生产电子产品的知名企业。
U形	以拉丁字母U的形状来命名某些事物。
VC	维生素C。
VCR	video cassette recorder的缩写。即录像机。
A3	A3规格打印纸，尺寸为297mm×420mm。

续上表

词目	释义
AAAA级	国家AAAA级旅游景区，是依据中华人民共和国旅游景区质量等级标准划分的景区级别之一。按照该标准，所有旅游景区共可划分为五个等级，从高到低依次为AAAAA、AAAA、AAA、AA、A级旅游景区。
AA级	也作"AA"。由评信机构对债务人的偿债能力及其所发行的债券做出的等级评定。AA表示债务人具有很强的还本付息能力，该等级略逊于最高级AAA级。
ABS	American Bureau of Shipping的首字母缩写。指美国船舶局。
AI	artificial intelligence的缩写。指人工智能。
AIDS	acquired immune deficiency syndrome的首字母缩写。获得性免疫缺陷综合征，即艾滋病。
AM	amplitude modulation的缩写。指调幅。
AQ	adversity quotient的首字母缩写，即逆境商数，指面对逆境的抗衡能力。
AV	audio-visual的缩写。指音频和视频。
A型血	指红细胞中含A凝集原的血型类别。
TOEFL	Test of English for International Communication的缩写，即国际交流英语考试（托业考试）。
BB	baby的缩写，即婴儿、胎儿。
BMW	Bayerische Motiren Works（德语）的首字母缩写。指德国汽车制造厂，中文译为"宝马"。
B细胞	B淋巴细胞的简称。
B型血	指红细胞中含B凝集原的血型类别。
C2C	consumer-to-consumer的缩写，也作 C to C。指电子商务中消费者对消费者的交易方式。
SOS儿童村	收养孤儿的慈善机构。
TMD	theater of operations missilery defense system的缩写。指战工导弹防御系统。
T细胞	即T淋巴细胞。
T型台	模特表演用的台子。

续上表

词目	释义
USB接口	一种计算机接口。
VCD	video compact disc的缩写。指视频高密光盘，也称VCD光盘。
VIP卡	贵宾卡。
V形	以拉丁字母V的形状来命名某些事物。
WC	watercloset的缩写。指盥洗室、厕所。
WWW	world wide web的缩写。指世界万维网。
RMB	"人民币"汉语拼音的首字母缩写。
甲B	足球或篮球联赛的甲级B类队。
X染色体	人的体细胞有46个染色体，其中表示性别的只有两个，学名为X和Y染色体。
XO	xanthine oxidase的缩写。指黄嘌呤氧化酶。
Y染色体	人的体细胞有46个染色体，其中表示性别的只有两个，学名为X和Y染色体。
β射线	一种射线，即贝塔射线。
γ射线	伽马射线。
维生素E	维生素的一种。
IP电话	internet phone首字母加汉语标类词而成。指互联网电话。
IP卡	internet protocol的首字母缩写。指电脑电话磁卡。
MRI	magnetic resonance imaging的缩写。指磁共振成像。
M型	借用拉丁字母M的形状来形容某种事物的样子。
OPEC	Organization of Petroleum Exporting Countries的缩写，即欧佩克，石油输出国组织。
PC机	personal computer的缩写。指个人计算机、个人电脑。
CI	①corporate identity的缩写。指企业标志。②corporate image的缩写。指企业形象。
HDTV	high definition television的缩写。指高清晰度电视。
CNN	Cable News Networks的首字母缩写。指美国有线电视新闻网。
HPV	human papilloma virus的首字母缩写。指人类乳头状瘤病毒。

续上表

词 目	释 义
APEC	Asia and Pacific Economic Cooperation的缩写。指亚洲和太平洋地区经济合作组织，简称"亚太平经合组织"。
BBC	British Broadcasting Corporation的首字母缩写。指英国广播公司。
CBA	Chinese Basketball Association的首字母缩写。指中国篮球协会。
ECFA	Economic Cooperation Framework Agreement的缩写。指海峡两岸经济合作框架协议。
F1	formula 1的缩写。指一级方程式锦标赛。
FBI	Federal Bureau of Investigation的首字母缩写。指美国联邦调查局。
GRE	Graduate Record Examination的首字母缩写。指美国研究生入学考试。
IMF	International Monetary Fund的首字母缩写。指国际货币基金组织。
IPO	initial public offering的缩写。指首次公开募股。
M2	广义货币供应量。M2=M1+非金融性公司的定期存款+储蓄存款+其他存款。
MV	music video的缩写。指一种用动态画面配合歌曲演唱的艺术形式。
NHK	Nippon Hoso Kyokai的缩写。指日本广播协会。
PPI	produce price index的缩写。指工业品出厂价格指数。
PMI	purchasing manager's index的缩写。指制造业采购经理指数。
PC	personal computer的缩写，即个人电脑。
ST	special treatment的缩写。指特别处理（股市用语）。

C级字母词表

词 目	释 义
DC	digital camera的缩写。指数字相机。
DOS	disc operating system的首字母缩写。即磁盘操作系统。
ED	erectile dysfunction的缩写。指男性勃起功能障碍。
A片	adult片指适合成人观看的影片，我国台湾地区用语。
BEC	Business English Certificate的缩写。指商务英语证书。
BLOG	web log的缩写。博客，网络日志。网络上一种流水记录形式。
B族维生素	属水溶性维生素。
C4ISR	军事指挥信息系统；军队指挥自动化系统。〔英command（指挥），control（控制），communication（通信），computer（计算机），intelligence（情报），surveillance（监视），reconnaissance（侦察）的缩略形式〕。
CDMA手机	指采用CDMA技术的手机。
CET	College English Test的缩写。指大学英语考试。
D版	D是"盗"的汉语拼音首字母，即盗版。
CATV	community antenna television的缩写。指有线电视。
CA认证	certificate authority，电子认证服务。是指为电子签名相关各方提供真实性、可靠性验证的活动。
CD-ROM	compact-disc read-only memory的首字母缩写，即致密盘只读存储器。
CIH病毒	一种恶性病毒。
WAP手机	用WAP标准接入互联网的手机。
Web2.0	互联网2代。指的是一个利用Web平台，由用户主导而生成的内容互联网产品模式，为了区别传统由网站雇员主导生成的内容而定义为第二代互联网，web2.0是一个新的时代。
Wiki	维基，是一种在网络上开放且可供多人协同创作的超文本系统。
ISBN	international standard book number的缩写，即国际标准书号。
ISDN	Integrated Service Digital Network的缩写。指综合业务数字网，是国际电话电报咨询委员会的标准。
IT市场	指IT产品交易场所、IT产品行销的区域、IT人才交流的场所等。

续上表

词 目	释 义
PDF	portable document format的首字母缩写。Adobe软件公司开发的一种电子文件格式。
PPP	point-to-point protocol的缩写。点对点协议，电脑拨号上网协议之一。
PTV	poetry TV的缩写。指诗歌电视节目。
QC	quality control的缩写。指质量管理。
PC塑料	PC指聚碳酸酯。PC塑料具有光学、低吸水、尺寸稳定、高耐热等特性，是CD、DVD等光盘的重要新型基板材料。
PETS	Public English Test System的缩写。指全国公共英语等级考试。
PICC	People's Insurance Company of China的缩写。指中国人民保险公司。
PIN	personal identification number的缩写。指个人身份识别号。
POPS	流行音乐（会）。

参考文献

一、论文类

［1］郭伏良．字母词与词典二题［J］．河北大学学报（哲学社会科学版），1997（2）：24-28.

［2］冯志伟．字母词的使用要看对象［J］．术语标准化与信息技术，1998（3）：9-10.

［3］刘博．谈谈象形文字与字母文字［J］．汉字文化，2001（1）：46-47.

［4］周玉琨．"GB""HSK"是"字母词"吗？［J］．汉字文化，2002（1）：60.

［5］胡明扬．关于外文字母词和原装外文缩略语问题［J］．语言文字应用，2002（2）：98-101.

［6］王崇义．"洋"词"中"用的社会文化背景及其语用价值［J］．语言教学与研究，2002（3）：75-79.

［7］皇甫素飞．从《文汇报》看汉语字母词的历史演变［J］．修辞学习，2004（5）：43-46.

［8］郭熙．论华语视角下的中国语言规划［J］．语文研究，2006（1）：13-17.

［9］郭林花．字母词在媒体语言中渗透的社会语言学分析［J］．理论月刊，2012，364（4）：66-69.

［10］刘大为．字母词——语码转换与外来词的角色冲突［J］．当代修辞学，2012，173（5）：90-92.

［11］朱俊玄．字母词的界定与规范［J］．语言文字应用，2017，101

（1）：88-97.

[12] 张荻. 媒体从业人员字母词使用态度调查［J］. 语言文字应用，2020，115（3）：89-96.

[13] 李莉. 网络词语的性质及特点［J］. 语文研究，2005（1）：21-24.

[14] 戴军明. 网络词语的造词分析［J］. 语言文字应用，2006（S2）：222-224.

[15] 惠天罡. 网络词语构词探析［J］. 修辞学习，2006（2）：71-74.

[16] 占彬. 从语用学的角度看言语交际中的语言经济性［J］. 中南民族大学学报（人文社会科学版），2007，153（S1）：136-137.

[17] 刘艳茹. 汉字类网络词语的构造规律［J］. 深圳大学学报（人文社会科学版），2012，29（2）：139-143.

[18] 张颖炜. 网络语言的词义变异［J］. 语言文字应用，2014，92（4）：108-115.

[19] 禹平，张鑫. 文化学视角下的网络词语考察［J］. 学习与探索，2019，287（6）：169-173.

[20] 杨守建. 改革开放与青年理想［J］. 中国青年研究，2008，154（12）：1.

[21] 朱新秤. 进化心理学文化心理观评析［J］. 学术研究，2009，294（5）：38-44.

[22] 戴静静，王婧. 网络语言暴力的传播学分析［J］. 青年记者，2010（24）：96-97.

[23] 程素卿. 大学生网络语言暴力现象透析［J］. 语文建设，2012，19（14）：15-16.

[24] 邱业伟，纪丽娟. 网络语言暴力概念认知及其侵权责任构成要件［J］. 西南大学学报（社会科学版），2013，39（1）：38-43，173-174.

[25] 蔡荣. "网络语言暴力"入刑正当性及教义学分析［J］. 西南政法大学学报，2018，20（2）：63-72.

[26] 敬力嘉, 胡隽. 网络暴力法律规制的完善路径[J]. 中国人民公安大学学报（社会科学版）, 2021, 37（5）: 142-149.

[27] 汪行福. 躺平主义理性批判[J]. 广州大学学报（社会科学版）, 2022, 21（4）: 43-53.

[28] 魏明. 传播主体多元化与网络流行语的话语权力实践[J]. 江汉论坛, 2022, 528（6）: 129-135.

[29] 骆正林. 网络流行语背后的青年社会心态[J]. 人民论坛, 2022, 737（10）: 80-83.

[30] 季为民. 网络流行语背后的青年心态探析[J]. 人民论坛, 2022, 735（8）: 28-31.

[31] 付茜茜. 从"内卷"到"躺平"——现代性焦虑与青年亚文化审思[J]. 青年探索, 2022, 238（2）: 80-90.

[32] 唐铮, 丁振球. 认同与宣泄——网络流行语的使用现状与引导建议[J]. 编辑之友, 2022, 306（2）: 84-90.

[33] 蒋磊. "代差反讽"——网络亚文化中的代际冲突与符号表征[J]. 广州大学学报（社会科学版）, 2022, 21（1）: 103-112.

[34] 李少多. "矛盾式表达"——青年网络流行语的文化透视[J]. 中国青年研究, 2021, 310（12）: 106-112, 119.

[35] 邵国松, 王雪莹. 传播研究的"内卷"与"破局"[J]. 新闻与写作, 2021, 446（8）: 52-58.

[36] 网络流行语背后的流行逻辑[J]. 中国广播电视学刊, 2021, 365（8）: 136.

[37] 吴茜. 符号·媒介·权力——网络流行语的青年身份认同建构[J]. 新疆社会科学, 2021, 230（1）: 133-139.

[38] 牛天. 在消解中反思——斜杠青年的自反性研究[J]. 当代青年研究, 2020, 368（5）: 101-106.

[39] 王昱娟. 自反性青年亚文化——青年文化的空间属性与情感转向[J]. 当代青年研究, 2020, 365（2）: 11-15.

［40］胡钰，薛静. 网络热词此消彼长的背后——从网络流行语看当代文化心态与文化传播［J］. 人民论坛，2019，627（10）：127-129.

［41］李凤兰，彭红秀，杜云素. 焦虑中的反叛与韧性：青少年网络交往中的话语表达［J］. 中国青年研究，2018，270（8）：17-22.

［42］门田岳久，中村贵，程亮. 叙述自我——关于民俗学的"自反性"［J］. 文化遗产，2017，50（5）：74-83，158.

［43］王欢，庞林源. 网络流行语何以"流行"［J］. 人民论坛，2017，562（19）：130-131.

［44］惠敏，张彩霞，常笑. 复合词类网络流行语的词汇化研究［J］. 外语学刊，2017，195（2）：69-73.

［45］王仕勇. 我国网络流行语折射的社会心理分析［J］. 探索，2016，192（6）：172-178.

［46］胡冬芳，李婷. 网络流行语的传播及其动力［J］. 重庆社会科学，2016，264（11）：89-96.

［47］杨勇. 网络流行语衍生、传播的理据和方向［J］. 学术界，2016，213（2）：99-108，327.

［48］蒋秀玲，李棉管，安佳乐. 空间切换：网络流行语生产的社会机制［J］. 人文杂志，2015，236（12）：119-125.

［49］骆昌日，何婷婷. 近十年来我国网络流行语的演变及传播研究［J］. 河南大学学报（社会科学版），2015，55（2）：108-115.

［50］于鹏亮，姜晓红. 网络流行语的大众文化特征研究［J］. 北方民族大学学报（哲学社会科学版），2015，121（1）：140-144.

［51］严励，邱理. 网络流行语传播机制的逻辑分析及话语转向［J］. 当代传播，2015，180（1）：41-43.

［52］王仕勇，殷俊. 传统媒体与网络流行语的生产传播［J］. 新闻界，2014（18）：39-43.

［53］李明洁. 年度词语排行榜述评与流行语的概念辨析［J］. 当代修辞学，2014，181（1）：48-54.

[54] 王琛. "内卷化"及其文化心理机制分析 [J]. 深圳大学学报（人文社会科学版）, 2013, 30（5）: 182-190.

[55] ICELLIOGLU S, OZDEN M S. Cyberbullying: a new kind of peer bullying through online technology and its relationship with aggression and social anxiety [J]. 5th World Conference on Educational Sciences （WCES）, 2014, （16）: 241-245.

[56] KOPECKY K. Cyberbullying and other risks of internet communication focused on university students [J]. International conference on education and educational psychology（ICEEPSY）, 2014（112）: 260-269.

[57] SLONJE R, SMITH P K, FRISÉN A.The nature of cyberbullying, and strategies for prevention [J]. Computers in human behavior, 2013, 29（1）: 26-32.

[58] LIEBERMAN H, DINAKAR K, JONES B.Let's gang up on cyberbullying [J].Computer, 2011, 44（9）: 93-96.

[59] OLWEUS D. A profile of bullying at school [J]. Educational leadership, 2003, 6.

[60] HOBBS R. Media literacy, media activism [J]. The journal of media literacy, 1996, 3.

二、著作类

[1] 吕叔湘. 汉语语法分析问题 [M]. 北京：商务印书馆, 1979.

[2] 李如龙, 等. 词汇学理论与实践 [M]. 北京：商务印书馆, 2001.

[3] 苏新春. 当代中国词汇学 [M]. 广州：广东教育出版社, 1995.

[4] 苏新春. 汉语词汇计量研究 [M]. 厦门：厦门大学出版社, 2002.

[5] 徐大明, 等. 当代社会语言学 [M]. 北京：中国社会科学出版社, 1997.

[6] 祝畹谨. 社会语言学概论 [M]. 长沙：湖南出版社, 1992.

[7] 叶宝奎. 语言学概论 [M]. 厦门：厦门大学出版社, 1992.

［8］葛本仪. 现代汉语词汇学［M］. 济南：山东人民出版社，2001.

［9］史有为. 异文化的使者——外来词［M］. 长春：吉林教育出版社，1991.

［10］朱德熙. 语法讲义［M］. 北京：商务印书馆，1982.

［11］周有光. 比较文字学初探［M］. 北京：语文出版社，1998.

［12］倪海曙. 拉丁化新文字运动的始末和编年纪事［M］. 北京：知识出版社，1987.

［13］林玉山. 国辞书编纂史略［M］. 郑州：中州古籍出版社，1992.

［14］吴玉章. 字改革文集［M］. 北京：中国人民大学出版社，1978.

［15］马宾，林立. 中国文字改革的几个问题［M］. 北京：中国展望出版社，1986.

［16］《汉语拼音方案》的制定和应用——《汉语拼音方案》公布25周年纪念文集［M］. 北京：文字改革出版社，1983.

［17］周有光. 拼音化问题［M］. 北京：文字改革出版社，1980.

［18］刘涌全. 字母词词典［M］. 上海：上海辞书出版社，2001.

［19］邵敬敏. 现代汉语通论［M］. 上海：上海教育出版社，2001.

［20］沈孟璎. 实用字母词词典［M］. 北京：汉语大词典出版社，2002.

［21］宋子然，杨小平. 汉语新词新语年编（2003—2005）［M］. 成都：巴蜀书社，2006.

［22］邹玉华. 现代汉语字母词研究［M］. 北京：语文出版社，2012.

［23］余富林. 中国媒体常用字母词词典［M］. 上海：上海大学出版社，2012.

［24］侯敏主. 新华字母词词典［M］. 北京：商务印书馆，2014.

［25］刘海润，等. 新词语10000条［M］. 上海：上海辞书出版社，2012.

［26］于根元. 新编语言的故事［M］. 北京：商务印书馆，2012.

［27］亢世勇，等. 新词语大词典［M］. 上海：上海辞书出版社，2018.

［28］陈卫星. 网络传播与社会发展［M］. 北京：北京广播学院出版社，2001.

［29］于根元．网络语言概说［M］．北京：中国经济出版社，2001.

［30］刘海燕．网络语言［M］．北京：中国广播电视出版社，2002.

［31］吕明臣．网络语言研究［M］．长春：吉林大学出版社，2008.

［32］张云辉．网络语言语法与语用研究［M］．上海：学林出版社，2010.

［33］余志伟，等．网络新语漫谈［M］．北京：中国社会科学出版社，2013.

［34］郑艳群．虚拟词语空间理论与汉语知识表达研究［M］．北京：商务印书馆，2015.

［35］张颖炜．网络语言研究［M］．广州：暨南大学出版社，2015.

［36］敬枫蓉，等．网络文化研究论丛（第1辑）［M］．成都：四川大学出版社，2016.

［37］白解红，等．网络词语的认知语义研究［M］．长沙：湖南师范大学出版社，2019.

［38］楚艳芳．嬗变中的网络语言［M］．北京：中国社会科学出版社，2019.

［39］夏征农，等．辞海［M］．上海：上海辞书出版社，1999.

［40］张意．文化与符号权力——布迪厄的文化社会学导论［M］．北京：中国社会科学出版社，2005.

［41］吉益民．网络变异语言现象的认知研究［M］．南京：南京师范大学出版社，2012.

［42］北京康世经济发展研究所．网络流行语［M］．呼和浩特：内蒙古人民出版社，2001.

［43］陶东风，等．亚文化读本［M］．北京：北京大学出版社，2011.

［44］叶泽雄．社会理想论［M］．武汉：武汉大学出版社，1998.

［45］沙莲香．社会心理学［M］．4版．北京：中国人民大学出版社，2015.

［46］李泽厚．批判哲学的批判［M］．北京：人民出版社，1985.

［47］罗萨．加速——现代社会中时间结构的改变［M］．北京：北京大学

出版社，2015.

[48] 阿希克洛夫特，等. 逆写帝国——后殖民文学的理论与实践[M]. 北京：北京大学出版社，2014.

[49] 费斯克. 理解大众文化[M]. 北京：中央编译出版社，2001.

[50] 赫伯迪格. 亚文化——风格的意义[M]. 北京：北京大学出版社，2009.

[51] 拉扎斯菲尔德，等. 人民的选择——选民如何在总统选战中做决定[M]. 北京：中国人民大学出版社，2012.

[52] 班尼特，等. 亚文化之后：对于当代青年文化的批判研究[M]. 北京：中国青年出版社，2012.

[53] 塔尔德. 模仿律[M]. 北京：中国人民大学出版社，2008.

[54] 吉登斯. 现代性与自我认同——晚期现代中的自我与社会[M]. 北京：中国人民大学出版社，2016.

[55] 霍弗. 狂热分子——群众运动的圣经[M]. 桂林：广西师范大学出版社，2011.

[56] 哈贝马斯. 公共领域的结构转型[M]. 上海：学林出版社，1999.

[57] 勒庞. 乌合之众——大众心理研究[M]. 北京：中央编译出版社，2015.

[58] 鲍曼. 个体化社会[M]. 上海：上海三联书店，2002.

[59] 麦克卢汉. 谷登堡星汉璀璨[M]. 北京：北京理工大学出版社，2014.

[60] 现代汉语词典[M]. 北京：商务印书馆，1983.

[61] 现代汉语词典[M]. 北京：商务印书馆，1996.

[62] 现代汉语词典：修订版[M]. 北京：商务印书馆，2002.

[63] 现代汉语词典[M]. 北京：商务印书馆，2005.

[64] 现代汉语词典[M]. 北京：商务印书馆，2012.

[65] 现代汉语词典[M]. 北京：商务印书馆，2016.

[66] 于根元. 中国网络语言词典[M]. 北京：中国经济出版社，2001.

［67］英语缩略语词典［M］．北京：商务印书馆，1979．

［68］韩明安．新词语大词典［M］．哈尔滨：黑龙江人民出版社，1991．

［69］奚博先．新词语词典［M］．北京：人民邮电出版社，1993．

［70］李行健．新词新语词典［M］．增订版．北京：语文出版社，1993．

［71］李行健．新词新语词典［M］．北京：语文出版社，1989．

［72］沈孟璎．新词新语词典［M］．成都：四川辞书出版社，2005．

［73］林伦伦．现代汉语新词语词典（1978—2000）［M］．广州：花城出版社，2003．

［74］于根元．现代汉语新词词典［M］．北京：北京语言学院出版社，1994．

［75］李达仁．汉语新词语词典［M］．北京：商务印书馆，1993．

［76］史有为．新华外来词词典［M］．北京：商务印书馆，2019．

后 记

我于2000年进入厦门大学攻读硕士学位,师从苏新春先生研究汉语词汇。初入师门时还比较迷茫,不知该学习词汇的哪个方面,苏老师为我指明了方向,让我多关注新词新语。我非常钦佩苏老师的慧眼,我也认为自己比较适合研究新词语。我想,如果做不了高深的学问,或许可以在现实的语言现象中发现一些东西。当时,互联网正在快速发展,伴随而来的是大量新词新语、网络词语的出现,字母词是其中重要的成员。于是,我开始关注这类词语,收集语料,进行社会调查,尝试写小论文。

此后,读博时我转向了语法的研究,但对词汇的关注没有中断,而且在此期间也考察了一些古汉语词汇。毕业后,我转向从事新闻传播教研工作,10多年来结合自身的语言学专业背景,继续进行媒介语言方面的探索,比如完成了有关语言暴力、词语化传播等科研课题。

语言是社会生活的反映,而词汇又是语言中最活跃的成分,总是伴随着社会的发展而发展。尤其是新词新语,实则是现实事件、社会文化的即时表达。语言既有一定的稳定性,又不断地进行新陈代谢。所以,每个时代的语言既有共性,也有个性。每个时代都有新词新语,进入现代信息社会,词汇更是表现出从未有过的活跃,每年都产生大量新词新语、流行语。《咬文嚼字》杂志社每年都会评选出十大流行语,如刚刚过去的2022年,"踔厉奋发、勇毅前行""天花板""沉浸式""中国式现代化""新赛道""大白""烟火气""拿捏""雪糕刺客""精神内耗"成为十大流行语。

为什么有些词会成为流行语?为什么有些词在社会生活中影响如此巨大?这是一个非常值得关注和探讨的问题。其实,语言不只是语言,词汇也

大众媒介语言研究

不只是词汇，其背后都有着非常丰富的内涵。语言不仅用于交际，而且深深地嵌入人们的生活，也反映出了各个阶层和群体的精神心理。在移动互联网时代，语言的流通度、社会动员能力都比以往更进一步。一个重大社会事件或现象的出现，常常会伴随催生一个新词语；而一个新词语的传播，也一定与当前人们的社会生活紧密相关。

有一次，我随意翻看我小孩的作业，让我有点诧异的是，他写的作文主题竟然是关于"躺平"的，连一个初中生都知晓这个词，可见其流行度。作文标题是"'躺平'VS奋斗"，部分内容摘取如下：

"躺平"是当下耳熟能详的网络流行语，意思大概是面对任何刺激都不选择面对。生活中也不乏这些例子，如职场中的"躺平族"，他们选择躺平，不愿奋斗，消极工作，给社会的发展带来不利，被众人唾弃。我认为，我们的青春，应该用奋斗来书写！

所谓"躺平"，真的对自己有好处吗？我曾尝试过"躺平"一天，我的感受是"空虚""浪费时间"。我无法想象躺平的人是如何度日的：刷视频、打游戏、聊天？就这样浑浑噩噩地过下去，任凭自己堕落？"躺平"是为自己的懒惰"找借口"，无力面对生活的种种艰辛。这种得过且过的思想，只会给自己带来极大的危害！奋斗，也许并没有想象中的那么困难。只要适应了奋斗的生活，也许就会有意想不到的收获。

…………

正如习近平主席在2017年的新年贺词中说的："大家撸起袖子加油干，我们就一定能够走好我们这一代人的长征路。"我们要珍惜自己的青春年华，坚持不懈地奋斗，拒绝"躺平"，努力成为能对国家、对社会做出贡献的人！

在媒介化社会，语言和媒介的互动关系更加密切，网络词语、流行语、新词新语一旦出现，就会经由各种媒体迅速传播。写作本书，就是想探讨一些大众媒介语言问题，思考一下大众媒介语言与社会生活的互动关系。由于时间比较匆忙，此书仅是讨论部分媒介语言，而且是媒介语言的部分问题，

后 记

既未作宏观的探讨，也未在语言学层面上作理论的深究，只是浅谈了一些语言现象、语言与媒介传播的关系等，大都是出于自身的一些感悟。

出版此书的初衷，也是有感于语言的快速变化及其与日常生活的密切联系。比如《咬文嚼字》2022年度评选出的十大流行语，都是社会生活中高频出现的词语，其中绝大部分我们平时都在说，也在用，可谓家喻户晓、耳熟能详了。就举书中分析过的一个词"精神内耗"来说，虽然这个词只是最近几年才兴起，但这种现象却是一直存在的，只是新用这个词来表述而已。为什么它会成为一个流行语？就是因为它概述了一个普遍的社会现象，道出了许多人的共同心声，引起了广泛的共情。

其实，每天大多数人都在经历着"精神内耗"和自我纠结。比如，身体有点不舒服了，就会想自己是不是哪个部位出问题了？要不要去检查？检查会不会很痛苦？如此云云，想了很多很多，纠结了很久之后，去看了医生，结果医生说这是正常的，没有什么大毛病，只是人的生理发展的自然表现。如此白担心了一场，我们因此浪费了很多身体能量。又比如，在世界万物中，人是最复杂的，人的心理更是难以捉摸的，而人际交往不可能总是对等的。我们可能会想：他为什么不理我了？为什么不给我回信息了？我哪里说错了？我哪里做得不合适？诸如此类的心理疑问总是缠绕在一起。如果怀着豁达的态度看待世事，就会豁然开朗，一切纠结、忧虑都烟消云散。

古人云"杞人忧天"，正如今天的"精神内耗"，成天怀着过多的担心和无穷无尽的忧愁，除了造成自我的精神消耗外，对于解决问题没有任何助益。既然如此，又何必过多地担忧？人生天地之间，世事不会因你的情绪而改变，不如就坦然地面对、积极地对待。而关于对待焦虑的态度、消解焦虑的方式，自古就有不少论述：范仲淹曾曰"不以物喜，不以己悲"；丰子恺说过"不乱于心，不困于情，不畏将来，不念过往，如此，安好！无愧于天，无愧于地，这样，人生！"；庄子也曾说，"知其不可奈何而安之若命，德之至也"，意即知道世事艰难，无可奈何却又能安于处境、顺应自然，这就是道德修养的最高境界。何处是归途？心安是归处！

此书能够出版，要感谢我的研究生小伙伴们，陆雅雯和伦雪晴协助收集资料、查找文献、核实书稿,与祝琳婷一道对部分章节的语料内容有所贡献。还要感谢华南理工大学出版社的李秋云和梁玉琪两位老师,她们认真负责,对书稿进行了细致的审核。书中可能还存在不少疏漏之处,还请读者朋友们批评指正。

李小华
于广州华师校园